JN157121

筑波大学附属小学校教諭
平川 譲 Yuzuru Hirakawa

体育授業に大切な3つの力

東洋館出版社

Introduction

体育授業の「主体的・対話的で深い学び」の実現を目指して

新学習指導要領では実現すべき学びの様相として、「主体的・対話的で深い学び」が掲げられました。これを実現するには、現場で子どもと対峙する我々教師の授業力が鍵になることは言うまでもありません。一方で、我々教師は、「主体的」「対話的」「深い学び」の三つの文言に引きずられすぎることなく、各教科等で身に付け、高めさせるべき力を一人ひとりの子どもに保障することを主眼に、日々の実践を積み重ねなければいけません。換言すれば各教科等の本質を大切にするということです。

体育科のそれは、**「運動感覚・技能」を身に付けさせること**です。これをねらいの主軸として、「主体的・対話的で深い学び」の実現を目指すのが最善の策と言えます。

これを前提として述べれば、子どもが「主体的」に学ぶとは**「なりたい自分」をイメージして学習に取り組む姿**だと考えます。その「なりたい自分」は、遠い未来の自分でもよいのですが、日常の授業の中では、**「今、取り組んでいる教材でなりたい自分」「今日の授業でなりたい自分」**というのが現実的です。そのためには、子ども一人ひとりが確実に自分の感覚・技能を高め、自分も「できそう・できる」という思いをもって運動学習に取り組むことです。これを可能にするのが、「自分の運動経験からしてできそうだ」「似た運動の経験がある」「仲間のお手伝いができる」等の思いや経験です。

「対話的」の捉えには、仲間との対話、教師との対話、用具との対話、運動教材・スポーツ文化との対話等が考えられます。この中から最も重要で、さまざまな面で効果が高いと言えるのが、仲間との対話です。仲間とは、他の教科と同様に言葉での対話も可能ですが、体育授業ならではの対話（かかわり）と言えるのが、**お手伝い（子ども同士の相互補助）**です。これにより、私が体育授業の主眼と考える「運動感覚・技能」も高めていくことができるのです。まだ課題の運動ができていない子が、できる子と同じ運動の過程、姿勢変化等を、お手伝いによって経験することができるのです。できていない子も感覚づくりが進むと同時に、その運動のポイントや体の操作を少しずつ理解していくことができるのです。また、お手伝いをする子の「他者の運動に合わせて補助する技能」も上がっていきます。これも大切な学習内容の一つであると言えます。

「体育授業ならではの」と書いたのは、**お手伝いは仲間の体に触れて行うことがほとんどで、他の教科には見られない対話（かかわり）**だからです。例えば、逆上がりのお手伝いが二人必要だった子が、お手伝い一人で、その運動ができるようになれば、技能が上がっていることを、本人もお手伝いしている仲間も認識することができます。さらに、一人でお手伝いをする子が軽く感じるようになれば、上達していると分かります。このような過程を経て技能を伸ばしてきた子ができたときには、本人よりも先に、お手伝いしている仲間が大きな声で「〇〇ちゃんができたよ！」と報告に来るのです。こんな素敵な対話（かかわり）が体育授業ではしばしば実現できていることを、我々体育が大好きな教師、体育を専門とする教師は、もっともっと発信してもよいのではないでしょうか。

「深い学び」は運動ができるようになるための、成功するための思考が鍵になります。運動ができるようになるためは繰り返しの練習が必要です。そのとき、何がポイントなのかという意識があるかどうかで、当然練習の効果も子どもが取り組む姿勢も違ってきます。さらに言えば、それが**与えられた知識なのか、思考場面を経て得た知識かどうかで、子どもの納得度、腑（お腹《なか》）に落ちているかどうかの度合いも違ってきて、**これも、練習効果、子どもの取組の差となって表れます。

掲示資料や学習カードにはじめから書かれている運動のポイントは、前者になります（それでもないよりはよいのですが）。本書に掲載したような思考場面を経て、子どもの腑（お腹）に落ちた知識をもって運動学習に取り組んでほしいと願っています。

ここまで述べてきたような学びを実現するために必要な力を、大きく「三つの力」と捉えて紹介、提案するのが本書です。章立ては、**「Ⅰ 子どもの活動・運動を見取る力」「Ⅱ 伝え、理解させる力」「Ⅲ 教材化する力」**としてありますが、ここまで述べてきたような考え方から、授業の方法論までを述べています。

さて、私事となりますが、東洋館出版社から拙著『体育授業が得意になる9つの方法』を出版していただき、六年の年月が経過しました。

この本の校了当時は、自分の中にある体育授業に関する知識、考えを全部出し尽くしてしまった、絞り出してしまったという感覚があったのを覚えています。「もうこんな本を書くネタは残っていないなあ」という感じです。

しかし、ありがたいことに授業は毎日続いています。毎年新しい子どもたちとの出会いがあります。その実践の中で新たに見えてきたこと、それまで漠然としていた考えが確信に変わってきた部分もあります。これを出版物として全国の先生方にご意見、ご批判をいただきたいという思いが湧き上がり、再度、本書の企画を東洋館出版社に相談しました。『〜9つの方法』では、「学年・教材を貫く授業術」がキーワード、キャッチコピーでした。今回キーワードを挙げるとすれば、**「授業力」「教授力」**というところでしょうか。これが、前述の「主体的・対話的で深い学び」を実現する力となると考えています。

体育授業を研究する教師は、まずは子どもが技能を身に付けるために必要な基礎感覚やポイントを理解することです。それを「主体的」に、「対話的」に、さらに「深く学ばせながら」子どもに理解させ、伝える力が「授業力」となります。

本書では、楽しく、かかわり合いながら力を付けていく、簡単・手軽な教材の例を「Ⅲ 教材化する力」で取り上げます。

楽しくなければ、好きになることも、「主体的」になることもないでしょう。かかわり合いは当然「対話的」につながります。これらすべてを運動感覚・技能を高めることを主軸に、その主軸を補完、助長するように仕組んでいます。感覚・技能が高まって、「できそう」「できた」という思いがなければ「主体的」には学べないからです。

「Ⅰ 子どもの活動・運動を見取る力」「Ⅱ 伝え、理解させる力」では、私が授業の中で子どもをどう見取って、どう理解させているのかを述べます。これらが、子ども同士、子どもと教師、子どもと運動教材等々が「対話」し、「深く学んでいく」手立てになると考えています。

さて、小学校の教師は、多くの教科・領域を一人で担当し、授業以外の雑務も膨大です。このような仕事環境の中で、すべての教科・領域について学習指導要領が示すような授業力を身に付けているスーパーティーチャーは極々稀《ごくごくまれ》です。

体育に関心があり、自分の専門としようとする先生には本書を読んでいただいて、ぜひ卓越した体育授業力を身に付けていただきたいと思います。そして、同学年や校内の同僚、地域の先生方に、「それほど大変じゃない方法で楽しい体育の授業ができるよ」と、本書の内容を噛み砕いて広めていただければ幸いです。

『〜9つの方法』と同じで、難しい授業、準備が大変な授業は私自身もできないので、本書には掲載していません。『〜9つの方法』にも掲載した教材を、違う視点で紹介もしています。簡単で価値ある教材とご理解ください。

直接に、間接に、本書が、多くの先生方の体育授業づくりのご参考になれば幸甚に思います。

平成三〇年二月　平川　譲

目次

Chapter opening page 1

体育授業に大切な３つの力

Ⅰ　子どもの活動・運動を見取る力

Ⅱ　伝え、理解させる力

Ⅲ　教材化する力

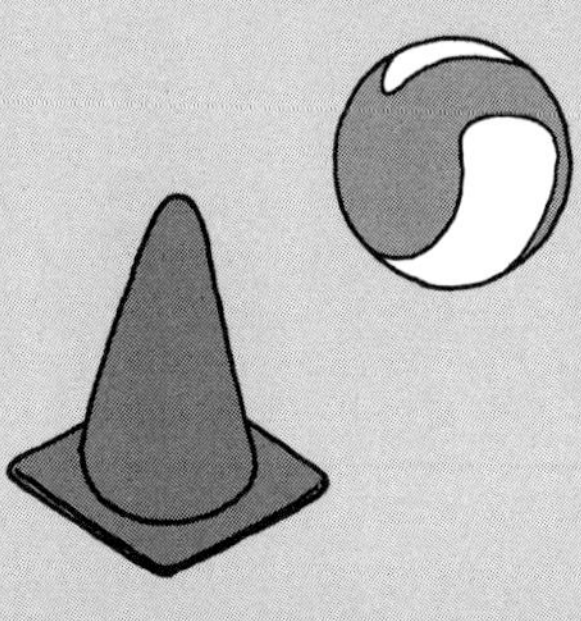

体育の授業中、子どもの活動や運動の様子を見取るのはなかなか大変です。

○子どもを動かしたり、用具の準備をさせたりする授業マネジメントに意識を向けなければならない
○運動しながらの学習なので安全への配慮も必要
○教室よりも広い場で活動している
○運動は短時間（教材によっては一瞬）で終わってしまうことが多い
○ボールゲームは常にゲームが進行している
○運動している子、順番を待っている子、お手伝いしている子、応援している子等、同時に多様な見取りの視点が必要

右に挙げたこと等がその理由と言えます。

　このような難しさのある体育授業で子どもの見取りができてくると、学級集団や個々の実態に応じた指導・声かけができるようにもなります。もちろん、そのときどきの運動のポイントを教師が理解していることが前提です。以上のような条件が整うと、「啐啄同時《そったくどうじ》」とも言える適時に適切な指導が可能になるということです。

　そしてこのような指導でも、運動は分かったからすぐにできるというわけではありませ

ん。そういう子もいますが、**頭で理解したことを意識しながら何度も練習を繰り返す中でできるようになっていく子がほとんど**です。その意味では、体育は、**「分かる」と「できる」が遠い教科**とも言えます。そしてそのような子の中には、複数のつまずきを抱えていたり、つまずきが変わっていく子もいます。

このようないくつかの要素を見取りながら適切な指導をしていくには、それらを意識しながら授業の経験を積むことが一番です。子どもの見取りや、そのときどきにどのような指導が有効かを考えながら授業の経験を積み上げていくことで、同じ経験値でもその力量は相当に違ってきます。

以下、私が意識している見取りのポイント、方法等を述べていきます。

1 個を見取る

個を見取ると言っても、当然、一時間中ずっと特定の子どもを見ているわけではありません。学級全体を俯瞰しながら、そのときどきの何人かの気になる子を見取っていきます。見取りが目的ではなく、教師がよりかかわるための見取りです。

(1) 運動の苦手な子を見取る

体育は座学ではありません。そのほとんどが活動を伴う学習です。音楽や図画工作とも似ていますが、歌や楽器演奏のように集団に紛れて誰ができないのか分かりにくいということはほとんどありません。図画工作では制作中の作品として公開されていますが、授業者や参観者がそばまで行かないと見えないことがほとんどです。こう考えると、体育は技能（能力）差が最も見えやすい教科と言えます（だからこそ、個々の技能をしっかり伸ばすことが大事なのです）。ですから、公開研究会の授業を参観して「よくできる学級だなあ」と参観者が感心して見ていても、授業者が一番気にしているのはできない子、技能が高くない子、態度が前向きでない子なのです。

技能公開なので、他教科等からすると子ども個々を見取りやすい要素もありますが、本章冒頭に挙げた六つの理由（授業マネジメントに関しては拙著『体育授業が得意になる9つの方法』七六ページ参照）に意識を注がなければならないということもあり、実際は難しい部類に入ると思います。

私は、以下のような方法で技能差を見取り、運動の苦手な子によりかかわるようにして

おりかえしの運動

います。

①一斉に運動させる

一斉に運動する子が一〇人程度であれば、この方法で見取れます。経験の少ない先生であれば、五人程度で試してみてはいかがでしょうか。授業者が太鼓で合図して、同じリズムやタイミングで運動させ、他の子と違う動きの子、動きのぎこちない子を見取っていくのです。

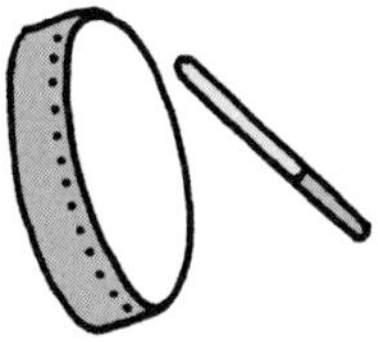

太鼓

上のイラストは一〇メートル程度の平行なラインをスタートラインと折り返しのラインとして往復するだけの**『おりかえしの運動』**

ってきます。

です。「用意、ドン」で、教師が指定した運動で折り返しラインまで進み、かけっこで戻ってきます。

同時にスタートして、同じ動きで進んでくるので、動きの違う子が見取りやすいのです。

例えば、うさぎ跳びで踏み切った後、手から先に床につかなければいけない運動なのに、足で着地してから手をついている子等を見取ります。すぐには修正できない場合が多いのですが、太鼓を「トン・カン（太鼓の胴を叩く音）・トン・カン…」と鳴らすと同時に、口で「手・足・手・足…」と口伴奏し修正を促していきます。

うさぎ跳びで、踏み切りの足がばらつく子も修正します。こちらの方が問題は小さいのですが、この先、跳び箱運動で両足揃えた踏み切りをさせることを見越して、両足踏み切りの動きに慣らしておきたいのです。これは本人の意識で比較的簡単に修正できるので、「君だけもう一度やってごらん」とやり直しをさせます。できたら大いに褒めて、「できないことをみんなの前でやらされた」という意識を消しておきます。

おりかえしの運動は、リレー形式で楽しむ方法も有効ですが、個を見取り、間違った動きを修正していくには、五〜一〇人程度ずつ教師の合図でスタートさせる方法が適しています。つまずきを見取れたら次の組のスタートを遅らせて、その子にかかわる時間もつくれます。

この他、ケンケンで反対の足をついていないか、スキップの動きがおかしくないか、腕支持の運動で手の平全部をついているか、等も見取っていきます。

ケンケンは子どもでも見取れるので、同じ班の仲間にも「班でよく見て、片足だけで行けたら大きな○《まる》で合格サインを出してあげて」と相互評価させます。**対話的な学びをごく簡単なことから経験させている**とも言えます。これも「急がなくていいから、しっかり片足だけでゴールしよう」と意識させると、多くは一度のやり直しで合格します。

スキップはマット運動の側転（側方倒立回転）やハンドスプリング（前方転回）の準備動作であるホップ動作につながっていくので、低学年のうちにスムーズにできるようにしておきたい運動の一つです。できない子は、教師が手をつないで「先生の腿《もも》の動きを見て、同じようにしてごらん」とやり直しをさせると改善される場合がほとんどです。正しくできている子に頼んで、両側で手をつないでやるとより効果的です。あるテレビ番組で、「できる子二人ができない子の前後でスキップする」という方法を裏技のように紹介していました。「リズムをつかませるのと、見られているという緊張感が有効」と分析していましたが、同じ効果があると考えられます。これも正しい動きができたら大いに褒めてや

ふとんほし

だんごむし

ります。スキップができたら、バンザイの動作を付け加える、バンザイスキップにすると、ホップ動作とほぼ同じです。

腕支持の運動で、手の平全部をつかない子も修正していきます。指だけをついていると、指の付け根を痛める可能性が高いからです。手の平全体、掌底《しょうてい》部まで床につけるように指示します。

同じように一斉に運動させる方法で、次のことを見取っています。

○前回り下り（鉄棒）ができるか
○だんごむし（鉄棒）ができるか
○ふとんほし（鉄棒）ができるか
○でんぐりがえし（マット）がまっすぐスムーズに
　回れるか
○でんぐりがえしから、回転後半にマットに手をつ

両足着地

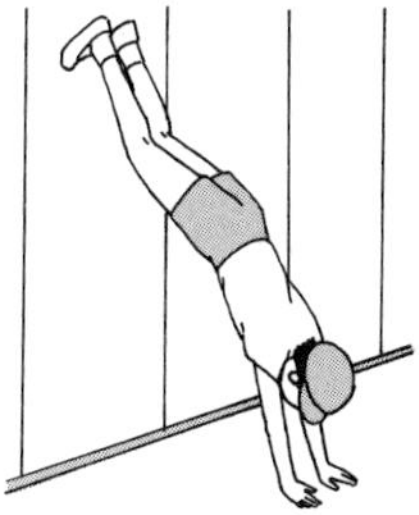

よじのぼり

かずにお尻を上げて、前転になっているか
○よじのぼりができるか
○だんごむし逆立ちができるか
○走り幅跳びで、〈片足踏み切り−両足着地〉ができるか
○大の字回り（側転系）でずっこけていないか

だんごむしは「一〇秒間顔を鉄棒の上に保持できたか」、前転は「回転後半に手をついて立ち上がっていないか」、よじのぼりは「一〇秒間姿勢を保持できたか」、大の字回りは「ずっこけて（手の平、足の裏以外に床についていて）いないか」を視点に子どもに相互評価もさせています。

よじのぼりや、だんごむし逆立ち、大の字回りを一斉にやらせるには、運動の注意点、手順等を示した口伴奏が有効です。

これらはⅡ章で詳しく紹介します。

大の字回り

だんごむし逆立ち

②運動を続けさせて見て回る

運動にそれほど広い場を必要とせず、一斉に一〇～二〇人の子が運動できる場合、「そのまま続けていてね。先生が見て回るから」と指示して見て回ることがあります。運動する人数が同じでも、物理的に場を広くしなければならない場合は見取りきれないからです。

二人組で行う馬跳びがこれに当たります。見取るポイントは、二点です。

○馬を押して体を前方に運んでいるか
○両足同時に踏み切って、左右対称の動きで着地までできているか

どちらかと言えば前者の方が重要です。

後者はうさぎ跳びの踏み切りと同じで、跳び箱運動の両足を揃えた踏み切りにつまずかないようにするためです。

前者につまずく子は、跳び箱運動の切り返し系の技で肩

開脚跳び　「つんのめり」の姿勢

が手よりも前に出る「つんのめり」の姿勢が怖いことが主な原因です。うさぎ跳び等を繰り返しながら、**腕に体重をかけた、つんのめりの姿勢に慣れさせていきます。**

後者は、同時に前に振り出した脚が馬に引っかかるのが怖いのでしょう。どちらかの足だけでも先に着地させたいという心理が働くための動きと思われます。「今のはＯＫ」「今のはバラバラ」とフィードバックしながら修正していきます。

短なわ跳びも同様です。

低学年のあやとび、二重回しとび等を個別に見取っています。どちらもできているか、できていないか、本人の認識が難しい運動だからです。

あやとびは、腕を交差したまま、足の下をなわが通過しているかどうかの自己認識が難しいのです。なわが上のタイミングで腕を交差させて、なわが下に回転するまでにその交差を解いてしまう子が多いのです。そして、それを本人はなかなか認識できません。「できた！　先生見て！」と言ってくる子の何割かはこの部類です。これを見取ってフィード

大の字回り

バックしてやります。

二重回しとびは、一回旋一跳躍の早回しを二重回しと勘違いする子がいます。これも「それは早回しで二重回しではないよ」と認識させてやります。

子ども同士、二人組でお互いに確認できればよいのですが、短なわ跳びに取り組み始めたばかりの段階では、それも怪しいことがあります。**教師が見取ってフィードバックしてやる必要がある場合**にこのようにしています。

③できた子から帽子の色を変えさせる

子どもたちに成否の観点を明確に理解させた上で、自分の運動、お互いの運動について、その時点での成功、失敗を評価させます。できた子から運動帽（通常は学級のカラーで活動している）を白に変えさせて、まだできていない子が分かるようにしています。

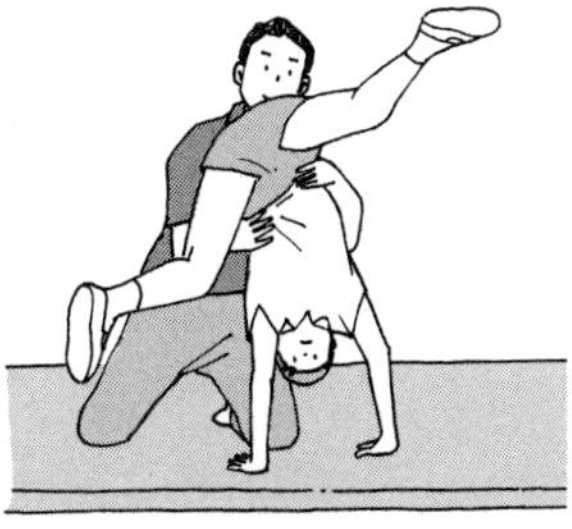
大の字回り補助

一つ間違うと、「できない子が目立ってかわいそう」「運動の苦手な子が、さらに意欲を低下させるのではないか」という意見をもらいそうです。また厳密に言えば、教師が見取っているとは言えないかもしれません。私としては、これは**「運動の苦手な子によりかかわるための方策」**と考えています。班活動で活発に運動していると、どうしても個々の見取りはしにくくなります。そのときに、まだできていない子の帽子の色が違えば、その子の順番のときに近くに行って運動を見取った上での補助、助言がしやすくなり、できるようになる可能性が高まります。「できないな」「苦手だな」と感じている子たちができるようになるために、教師が積極的にかかわるための〝白帽子〟です。

低・中学年の**『大の字回り』『側転』**で、「ずっこけなかったら白帽子」と指示を出して、白帽子にならない子や、体が斜めに傾いたまま回転している子のところへ行って、脇腹（ウエストの辺り）をつかんだ補助をします。回転を止めずに回して横への回転感覚をつかませることもあれば、真っ逆さまのところで止めて真っ逆さまの感覚をつかませることもあります。側転は子ども同士でお手伝いすることは難しいので、教師が回って行って補助します。

大の字回りは、**「ぎーこぉ、ぎーこぉ、それー！」という口伴奏**があるので、それに合わせて一斉に運動させる方法でも見取っています。その後、「班で順番に練習を進めましょう。白帽子になっていない子は少し多く練習させてあげて」と指示して、教師が見て回るようにしています。「順番になったら先生を呼んで」とも言っておきます。

Ⅲ章③(1)－②（二〇七ページ）で紹介している『**だるま回り**』も白帽子にさせて、個を見取っています。

『**ふとんほしブランコ**』では、大きく振れるようになった子を「名人！」と評価して白帽子にさせています。これは教師の見取りになります。名人の評価は「自分も名人になりたい！」という動機付けを高める効果と、「名人の動きをまねよう」というお手本を増やす効果をねらっています。途中何回か名人の膝の曲げ伸ばしのタイミングを見る機会を設けて視点を与えます。その後は、自分の班、隣の班の名人を見て、学習が進められるようになっていきます。

ふとんほしブランコの振りが大きくなって回転するとだるま回りです。課題設定のタイミング等は、Ⅲ章3(1)－②をご参照ください。だるま回りが全体の課題となった後、回ることができたら、これも白帽子にしていきます。

だるま回りは、子ども同士のお手伝いが可能な教材です。「お手伝いでできたら、つばピン（帽子のつばをピンと上に上げる）」にして、これも「できた」と認めています。子ども個々のめあては、色帽子のままの子はまずはつばピンを目指し、つばピンの子は白帽子を目指すということになります。

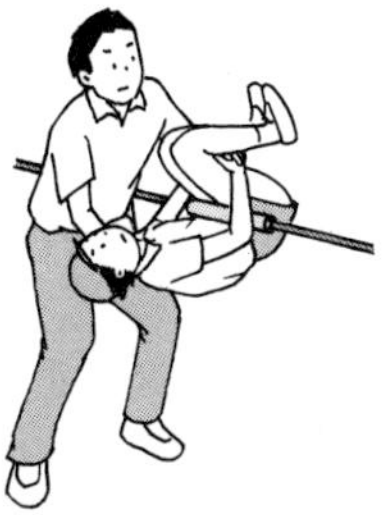

だるま回り大人の補助

教師は主に色帽子のままで頑張っている子に積極的にかかわります。色帽子の子は、自分の腿をつかんだ手が離れてしまい、回転中に体を支持し続けられない状態にあります。これは、子ども同士のお手伝いが不可能な段階で、教師の補助で回転させます。

片手を子どもの背中に当てて回転を補助します。もう一方の手は腿をつかんだ子どもの手を、その上から押さえて腿から離れないようにします。この補助で回転感覚を味わわせながら学習を進めます。教師の補助での回転も「できた」に入れてつばピンです。

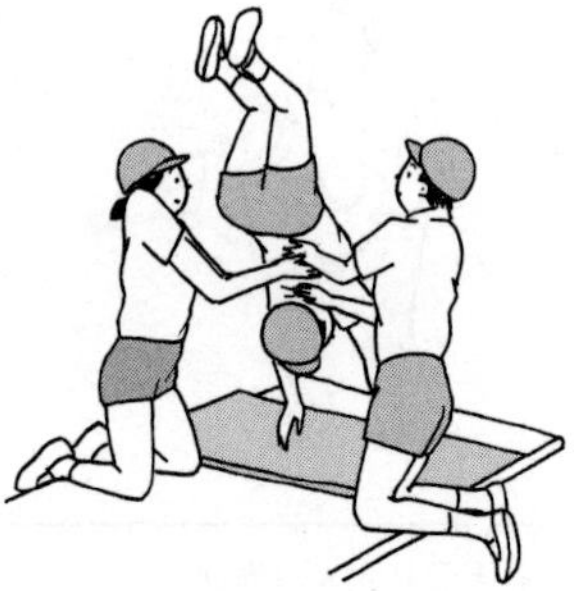

ハンドスプリングお手伝い

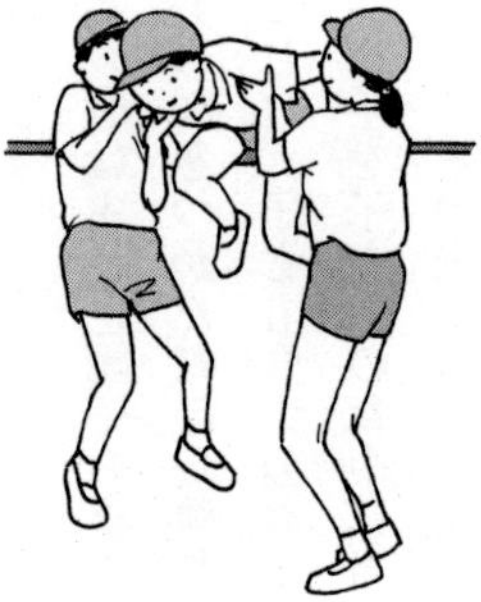

膝かけ後ろ回りお手伝い

本人には、「腿を離すと友だちのお手伝いでは回れない。だんごむしや登り棒を練習して、腿を離さないようにならないとね」と、自主的な練習を促します。もちろん、だるま回りの単元の期間も、全体の活動としてだんごむしを適宜扱って、しめの感覚を高めるようにしていきます。

だるま回りを例に紹介したつばピンは、お手伝いが可能な運動教材ではほとんど採用しています。Ⅲ章でも述べますが、お手伝いが可能な運動教材はそれだけも一定の価値があると言えます。具体的には、かべ逆立ち（かべ逆立ちの感覚づくりにも役立つより簡単な下位教材も含めて）、膝かけ後ろ回り、ハンドスプリング、頭はね跳び等です。

ただ、教師は「お手伝いでもできた」と認めていますが、子どもは「一人でできるようになって、白帽子

頭はね跳びお手伝い

になりたい」という思いをもち続けています。

この思いが強い子は、いつも一人で挑戦して失敗を繰り返すという傾向があります。お手伝いで運動ができている子と同じ姿勢変化や運動経過をたどることで、次第に感覚が高まりできるようになっていくのですが、**失敗を繰り返すと、その運動経過を体が覚えてしまう**ということになりかねません。

「お手伝いで回ることが、できるようになる近道だよ」と助言をすることと、「お手伝いで三回できたらつばピン」と、**つばピンの合格ラインを上げることで、お手伝いによる経験値を上げています。**各班には、「自分の班に色帽子のままの子を残さないこと。子ども同士のお手伝いで、できなかったら先生を呼びなさい」と指示を出しておきます。

このように、運動の苦手な子を中心に、子どもに個別にかかわるには有効な白帽子ですが、高学年になるにつれ課題が高度になり、一人でできるようになるのはなかなか厳しい子が出てくるのも事実です。その子の体型や運動技能から、一人でできるようになるのは無理かなと判断することもあります。そのような場合は、下位教材の感覚づくりの運動ができたことで白帽子やつばピンにしたり、同じ系統の運動から課題を選んで、一定レベルが達成できたら白帽子とする、ということもあります。

前者の具体例が、**『ハンドスプリング』『頭はね跳び』**です。体のはね動作で着地するためには、顎《あご》を開いて（頭を後ろに倒して、顎を上げるような動作で）体を反ったブリッジの姿勢になることがポイントとなります。これは、お手伝いで仲間に持ち上

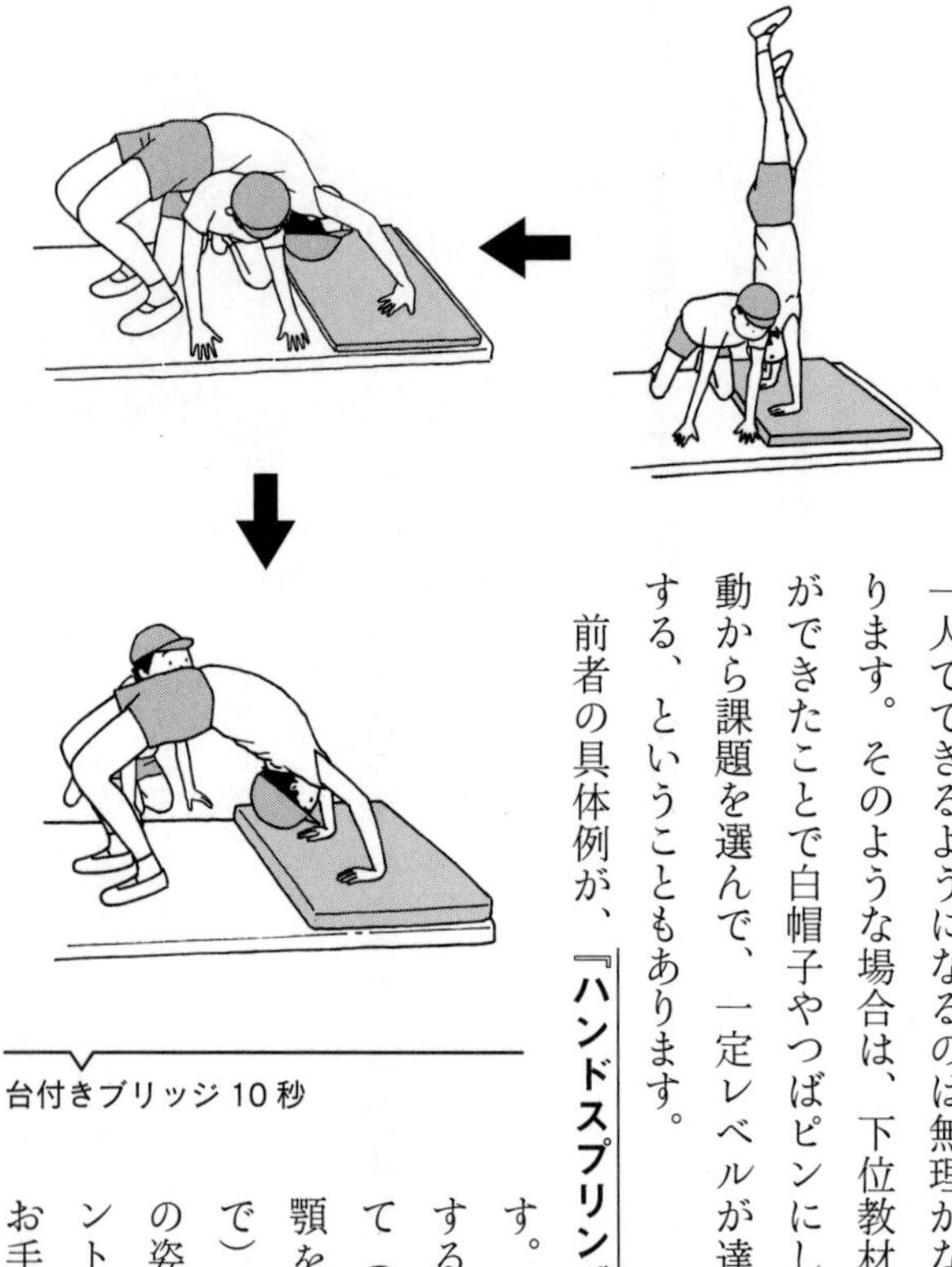

台付きブリッジ10秒

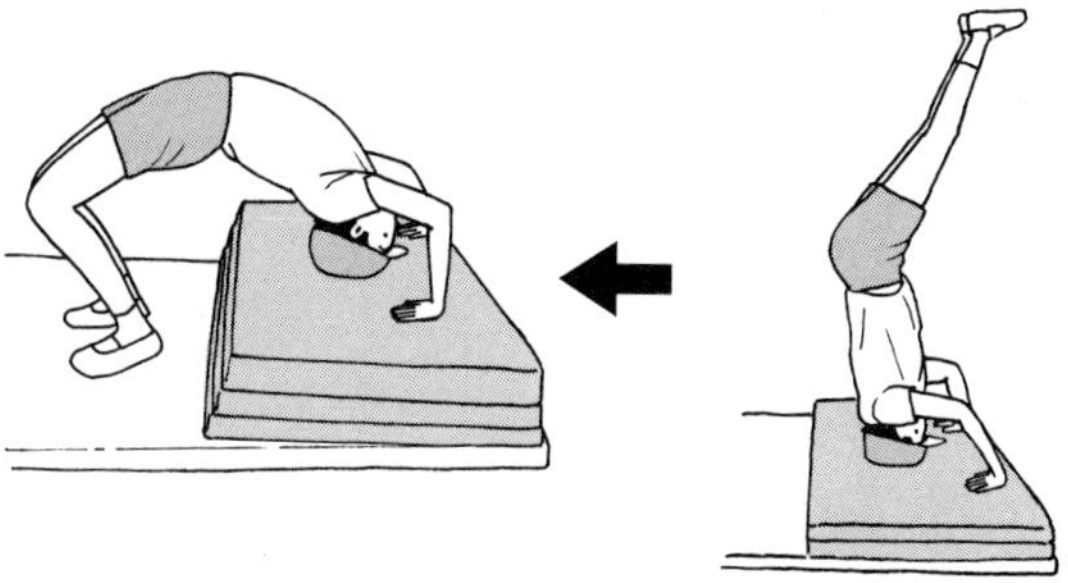

頭つき逆立ちブリッジ

げてもらうためにも大切なポイントでもあります。ところが単元が進んで着地で立つことを意識し始めると、早く着地しようとして、どうしても体を丸く縮めてしまう子が出てきます。

そこでハンドスプリングでは、仲間が四つんばいの台になるお手伝いでブリッジになった後、一〇秒間ブリッジ姿勢を保持させます。これができたら白帽子です。メンバー全員が早く白帽子になった班は、これを繰り返させます。感覚づくりは一回できたから終了というものではありません。**何度も繰り返して体に染み込ませることが大切です。**

学級全員が白帽子になったら、お手伝いを含めたハンドスプリングの練習に入ります。「今やったブリッジの姿勢が大切だからね。顎を開いて体を反るんだよ」とアドバイスし続けます。

台からグライダー

下からグライダー

頭はね跳びも同様です。頭つき逆立ちからブリッジになって、それを一〇秒間保持します。その後の扱い、アドバイスは、ハンドスプリングとほぼ同様です。

後者の具体例は**『グライダー』**（飛行機飛び）です。

次ページまでの上のイラストで示した四つの飛び方から自分が飛べるグライダーを選んで、鉄棒から一メートル先に張ったゴムひもが踏めれば白帽子です。

鉄棒の下にぶら下がった状態から体を振って前に飛び出すふり飛びから、**『下からグライダー』『台からグライダー』『尻持ちグライダー』**と、全員でスモールステップを踏んでいきます。最後の**『上からグライダー』**を課題に入れたときに、「上からはなかなか難しいから、今までやってきたグライダーから選んで飛んでいいよ」と、課題を選択してよいことを伝えます。

これに加えて「でも、全員がゴムを踏んで白帽子に

上からグライダー

尻持ちグライダー

なること」と、**全部失敗のまま授業を終えないように条件を設定**します。「まず白帽子になってしまってから挑戦課題に入りなさい」と指示することもあります。

どのグライダーも「体（お尻）が鉄棒の真下を通過するまで足の裏を鉄棒に押しつけておく」ことがポイントになります。体を落とし込む位置が高くなると、恐怖感からこの姿勢が保てなくなり、鉄棒の真下近くに落ちることになります。

『尻持ちグライダー』で足裏が鉄棒から早く離れてしまう子は、教師が手伝って、「まだ足の裏をつけておいて」「鉄棒を足で押して手で引っ張るんだよ」とアドバイスしながら、お尻を鉄棒と同じ高さか、それよりも少し低いところでいったん止めてやります。そこから「せーの」とタイミングを合わせてお尻を離してやります。すぐにはうまくいきませんが、お尻が落

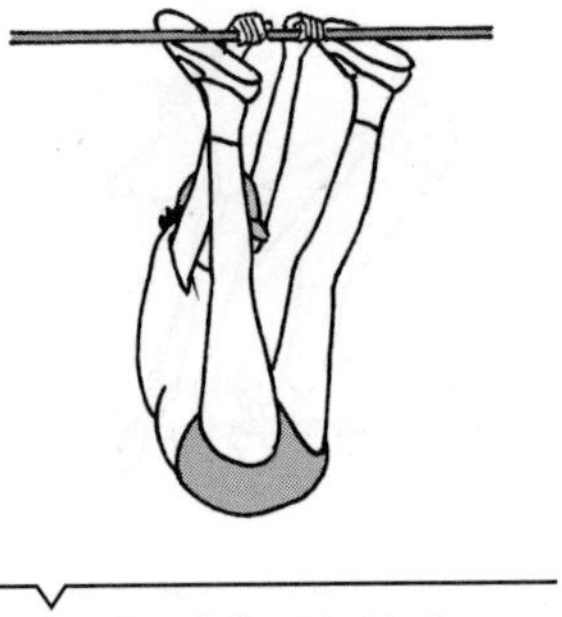

ちるのを一度しっかり止めてやると、運動のポイントに注意を向けやすくなります。

白帽子の話題とは離れますが、**思考場面を設けて、「膝を伸ばしてお尻を遠くすると勢いがついて遠くへ飛ぶね。どうして？」と問うと、「遠心力が強くなる」とか、「てこや天秤と同じ」と、理科の学習と結び付けた知的な学びが可能となる教材**でもあります。

(2) 見本になる子を見付ける

子どもだけでなく、我々教師も「体育で見本になるのは、運動が得意で上手な子」と考えがちです。私はできるだけそのイメージを裏切りたいと考えています。仲間からそれほど運動が得意ではない、どちらかと言えば苦手と思われているような子を、お手本としてみんなの前で運動させたいのです。それには以下のような理由があります。

○本人の自信になり、その後の運動学習への取組が前向きになる

○「自分も得意ではないけどお手本の子よりはできる」「あの子ができるなら自分だ

ってできるはず」という思いをもって運動に取り組む子が増える
○その結果、技能が伸びて課題達成する子どもが増える
○「先生は得意な子、できる子だけを見ているんじゃなくて、苦手な子をよく見ている」「自分もお手本になりたい」と子どもが感じて、運動の苦手な子の意欲が向上する
○これは学級経営上、重要な視点でもある

このように、本人も周囲も運動がやや苦手と思っている子をお手本として取り上げると、本人はもちろん、学級集団にもよい影響があると感じています。同じ運動ポイントを認識させるのなら、得意な子がお手本をするより大きな効果があると感じています。

運動が苦手と感じている子をお手本として見取るには、教師が運動のポイントを理解して、どのタイミングで、どのお手本を出すのかを意識して子どもの運動を見取らなければなりません。個別指導や補助をしているとなかなか難しいこともあります。慣れないうちは、「この時間はお手本を見付ける時間」と割り切って見取ってもよいかもしれません。

また、単元の**もう少し後で出したいお手本が見付かったときには、必ずメモを取っておくこと**です。その子をお手本として出したい時間に、もう一度動きを確かめてお手本と

して登場させることができます。

以上のように、学習の適時に**お手本になる子を見取って学級全員の課題となる運動ポイントについて思考場面を設定することは、「深い学び」の実現につながります。**お手本の運動を媒介に、学級の仲間と一緒に考えながら自他の課題を明確にしていく過程は、「深い学び」を具現化していると言えます。**単元はじめに教師側から一方的に運動ポイントを示す授業では実現不可能な学びです。**

以下に授業中の実例を述べていきます。

①『でんぐりがえし』で頭のどこをつくか（一年生）

本章1(1)－①（二二ページ）で、「でんぐりがえし（マット）がまっすぐスムーズに回れるか」と見取る視点を挙げているのがこれです。この教材は一年生の一学期に扱う運動ですから、まだ誰が運動が得意で、誰が苦手かということもよく把握していない時期です。

理解させたいのは、**「両手をマットについた後、次にマットにつくのは後頭部から首の後ろにかけての部位である」**ということです。

太鼓に合わせて一斉に運動させると、まっすぐスムーズに回っている子が見取れます。まだまっすぐ回れない子、体幹のしめの感覚が不十分で回転後半に体が伸びてしまう子との区別は簡単につきます。また、体操教室に通っていて技能が特別高い子も見取って、なるべくお手本候補からは外すようにしています。

まっすぐ、ころんと回っている子の中から、「両手の次に頭の後ろから首をマットにつけている」のが分かりやすい子を見取ってお手本にします。まっすぐスムーズに回っていても、よく見てみると、頭頂のやや後ろをつくくらいで上手に回っている子もいるからです。これで私も何度も失敗しています。

お手本が見取れたら以下のように進めます。

「A君（お手本の子）、ちょっと向こうを向いててね」と、A君には、みんなへの指示が分からないようにします。A君本人に観察の視点が知れると、「先生は何を見せようとしているのだろう」と正解探しを始めて、それまでと違った動きをしたり、運動がぎこちなくなったりすることがあるからです。これは低・中学年に特に有効な方法です。**無意識に運動を成功させている幼い子どもほど、あるポイントを意識すると動きが変わってしまうことがある**のです。

これが**高学年になると、いくつかのポイントを意識して運動している子が出てきます。**その場合には、「あなたの○○のポイントをみんなに見せたいから、そこ

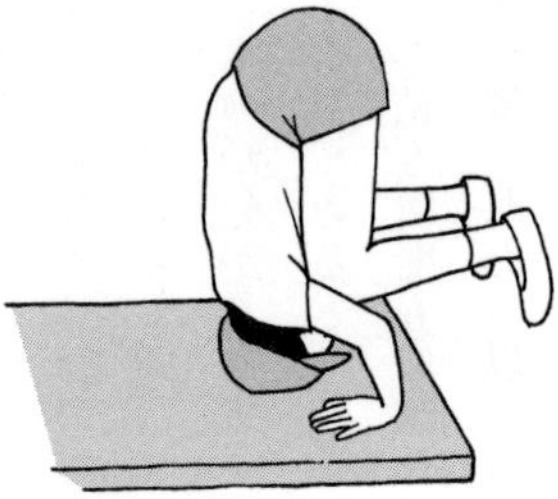

でんぐりがえし失敗例　×

でんぐりがえし成功例　○

を**分かりやすく、大げさにやってみてくれる?」**と指示することもあります。

A君以外の子には、「でんぐりがえしで、最初にマットにつくのはどこ?」と問います。一年生ですから、「手」「頭」両方の回答が出てくることが多いのですが、確認を進めていくと、「両手」、次に「頭」という結論に至ります。

「じゃあA君と平川君（教師）がでんぐりがえしをします。手の後、頭のどの辺をマットにつくかよく見ていてね」と指示します。A君が成功例、教師が失敗例です。子どもたちが運動観察する位置は、マットの横、両側です。それが、頭のどこをつくかを観察しやすい位置だからです。

A君は後頭部から首の辺りをマットにつけて、

まっすぐスムーズに回ります。教師は頭頂からやや前をマットについて、わざと背中がマットに強く打ちつけられるような回転をします。背中がマットに打ちつけられる瞬間に「うっ！」と声を出すと、失敗をより印象付けられます。

　運動観察の後、「どっちのでんぐりがえしがかっこいい？」と問うと、「A君」と全員が答えます。「じゃあ、平川君は手の後、頭のどの辺をマットについてた？A君は？」と問うと、「平川君は、頭のてっぺん、前の方」「A君は頭の後ろ」と答えが得られます。「そうなんだよね。**まっすぐ、くるっと回るためには、頭の後ろをつくと上手に回れるんだよ。頭を越えちゃって首の後ろでもいいんだよ**」と**運動観察、思考場面のまとめ**をします。その後、「じゃあ、そこに気を付けてでんぐりがえしをしてみよう。まっすぐ回れない子は、そこがまだできていないことが多いから班で見てあげてね」と、運動する本人とそれ以外の班のメンバーの活動の指示を出します。

　両手をマットについた後、お尻を上げて軽く踏み切れば後頭部をつくことができます。この程度のポイントであれば、一年生の**ほぼ全員が意識して運動できて、仲間も見取れる範囲**ではないでしょうか。「深い学び」の入り口とも言えますし、

運動観察、思考の場面も、仲間同士見取ってフィードバックし合う場面も十分に「対話的」と言えます。

私の捉えでは、「でんぐりがえしでは、両手の後、頭の後ろをついてまっすぐ回っていれば課題達成」です。回転後半で体が伸びてしまったり、足がマットについた後に手で支えてお尻を上げていてもOKです。ここでの課題が達成できたら、おりかえしの運動の途中に小マットを敷いてでんぐりがえしをさせたりして、回転の経験値を上げていきます。

でんぐりがえしを前ころがり（前転）にする視点、その見取りを次に述べます。

②でんぐりがえしから『前ころがり（前転）』へ
――手をつかないでお尻を上げる（一～二年生）

私は、「足がマットについてから、手をつかないでお尻を上げることができるか」をでんぐりがえしと前転（子どもたちへの提示は『**前ころがり**』）の境目としています。もちろん、一年生の初期に前ころがりになっている子もいますが、一度に多くのポイントを与えて混乱するのは運動の苦手な子たちです。その子たちの**「分かる」「できる」を保障するためにも、少し時間をおいて一つずつ取り上げる**ようにしています。

手をつかないでお尻を上げるためのポイントは**「回転終盤の頭が上がってくるタイミングで踵《かかと》をお尻につけている」か、**です。踵とお尻が離れていては、伸膝《しんしつ》前転に近い運動になってしまいお尻を上げるのは大変です。また、**「重い頭や上半身が上がってくるタイミングで回転半径を小さくする」という回転運動の原則**を学ぶ第一歩にもなる場面となります。

一斉の運動か、班毎に順番に続けさせる方法で、前述のポイントができている子を見取ります。器械体操的に美しく回っていなくても、踵とお尻をくっつけて手をつかずに立ち上がっている子を見取ります。体を縮めて回転中ずっと踵とお尻がくっついている子は、できればお手本にするのは避けます。一度膝を伸ばし、回転終盤に再度膝を曲げて踵とお尻がくっつく子の方が、運動観察を通してのポイントの理解が容易だからです。

お手本が見取れたら以下のように進めます。

お手本の子本人に観察の視点が分からないようにするのは①と同じです。

観察位置はお手本の子が着地する付近の左右です。やはり、今回も見せたい部位が見やすい位置です。

観察する側の子どもたちに次のように指示します。

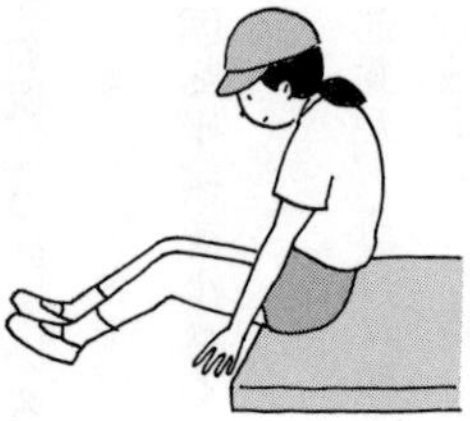

前転失敗例　×

前転成功例　○

「Bさんは、前ころがりでお尻の横に手をつかずに立ち上がることができます」
「平川君（教師）はそれができません」
「二人がマットに足をつくときの踵とお尻のくっつき具合を見ましょう」

　Bさんは回転終盤に踵とお尻を近付けて、すくっと立つことができます。教師は膝を大きく曲げることはせず、回転終盤も踵とお尻が遠いまま着地し、お尻の横に手をついて立ち上がります。

　観察後「踵とお尻どうなってた？」と問うと、「Bちゃんは踵とお尻がくっついていたけど、平川君（先生）のは離れてた」と、ほぼ共通の回答を得ることができます。そして、「そうだったよね。足がマットにつく前に膝を曲げて踵とお尻をくっつけると、手を使わないで立つことができます。そこに気を付けて前ころがりをしてみようね」と指示します。

これで、「頭の後ろから首の付近をマットにつく」「着地の前に踵とお尻をつける」の二点が前ころがりのポイントとなることを、全員で確認できたことになります。前者は、台上前転を含めた前転全体のポイントになります。後者は、前述のとおり、回転運動全般に共通したポイントとなります。

理想的には、踏み切った後、一度腰や膝を伸ばして回転を大きくし、着地直前に膝を曲げて着地して立ち上がるという大きな前転にしていきたいところですが、低学年の体であれば、小さく丸まったままでも立ち上がることは可能です。この段階では成功と認めてよいでしょう。

③『かべ逆立ち』ではどこを見るか（一～二年生）

『かべ逆立ち』のスモールステップ『5＋5＋10』（一八六ページ）では安定して一〇秒立っていられるのに、かべ逆立ちでは、肘《ひじ》が曲がってしまう、頭をついてしまう、一度足が上がっても倒れてしまうという段階でのお手本です。

「5＋5＋10はいつもできる、お手伝いのかべ逆立ちもなんとか立っていられる、でも一人のかべ逆立ちはあと少し、目線は5＋5＋10のときのままお腹側の子と目が合う（下イラスト）」くらいの子がいればちょうどよいお手本となります。また、かべ逆立ちができるようになったけれど、下のイラストのような姿勢になっている子がいたらねらい目です。

顔が見えるかべ逆立ち

「Cさんは、5＋5＋10では立っていられましたから、逆さまで自分の体を支えていることはできています。でも、かべ逆立ちがまだできません」とお手本の子の現状を確認します。

「Cさん、この目玉（マーク）を見続けてかべ逆立ちをやってみてください」と、指示します。目玉マークがあってもできないこともあります。この場合は教師が手伝って逆立ちにしてもよいでしょう。一〇秒逆立ち姿勢を保持した後、Cさんに**「目玉を見続けると感じが違う？　どんな感じ？」**と問うと、**「やりやすい」「力が入る」「肘を突っ張れる」**等の回答を得られることが多くあります（子どもの感覚ですから「分からない」「おんなじ」もありますが…）。

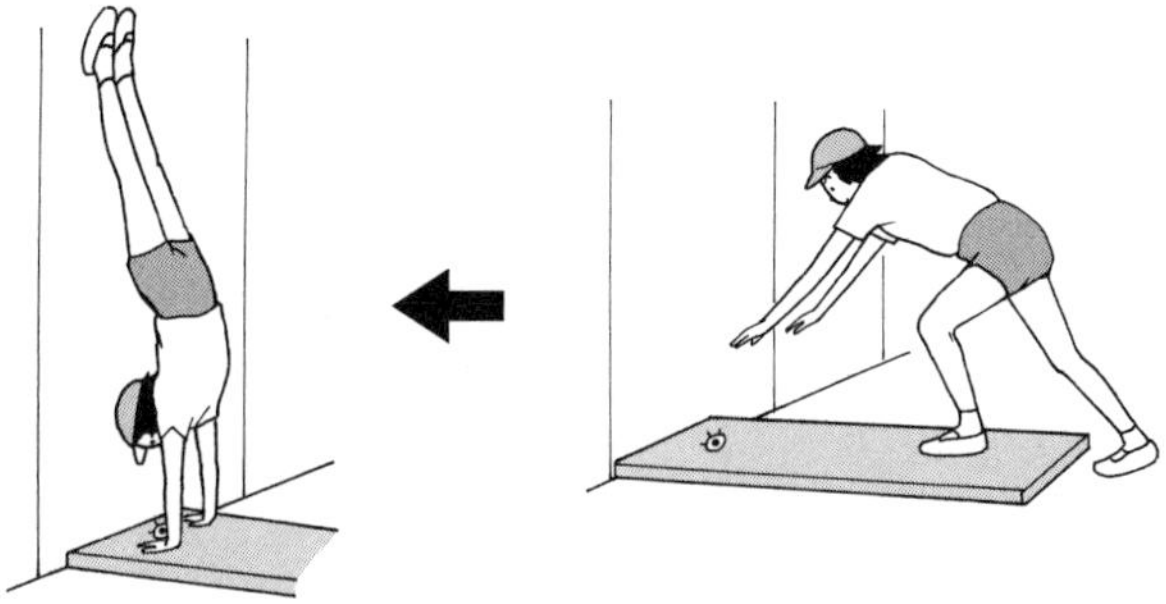

かべ逆立ち目玉マークあり

目玉を見続けることで**顎が開き、反射的に背中がまっすぐになります。これで両肩に体重が乗った、逆立ちを保持しやすい姿勢になれるのです。**体幹のしめが足りなくて、お腹が伸びている子には、「お腹を少し引っ込めて」とアドバイスします。

また目玉を見ることで、逆さまになるときのくらみが防げて、**自分の体を操作しやすくなります。**足を振り上げたり、肘を突っ張ったりということも意識しやすくなるのです。

このお手本、運動観察の後は、目玉を見ていない子には「目玉!」と声をかけるだけで意識するようになります。

④往きとかえりで『川わたり』の体の向きを変える（二年生）

側転の下位教材の川わたりは、しゃがんだ姿勢から着手する『**小さい川わたり**』の段階では左右どちらの手からついても同じなのですが、立った姿勢から着手して、腰・脚を上げる『**大きな川わたり**』になってくると、左右どちらの手から着手するのがやりやすいか、ということに関して、個別の感覚になってきます。習い事等の先行学習でトレーニング的に練習している子どもの中には、どちらでも同じ、十分にうまいという子もいます。これは、本人に任せます。また、本人が自覚できない場合は、教師の見取りで左右どちらからの着手が得意か見取ることができます。

大きな川わたりの段階でこれをはっきりさせておくと、『**大の字回り**』（一一四ページ）でバランスを崩して転倒してしまうということも防げます。

川わたりでは、小マット（六〇センチ×一二〇センチ）を川に見立てて、「手は濡らしてもいいけれど、靴や靴下は濡れると困ります」というような場面設定をします。マット（川）に手をついて、向こう岸の床に着地することが課題となります。私の場合は「ドドン（両手の着手）・ドドン（両脚の着地）」の太鼓の合図で一斉に運動させることが多くなります。

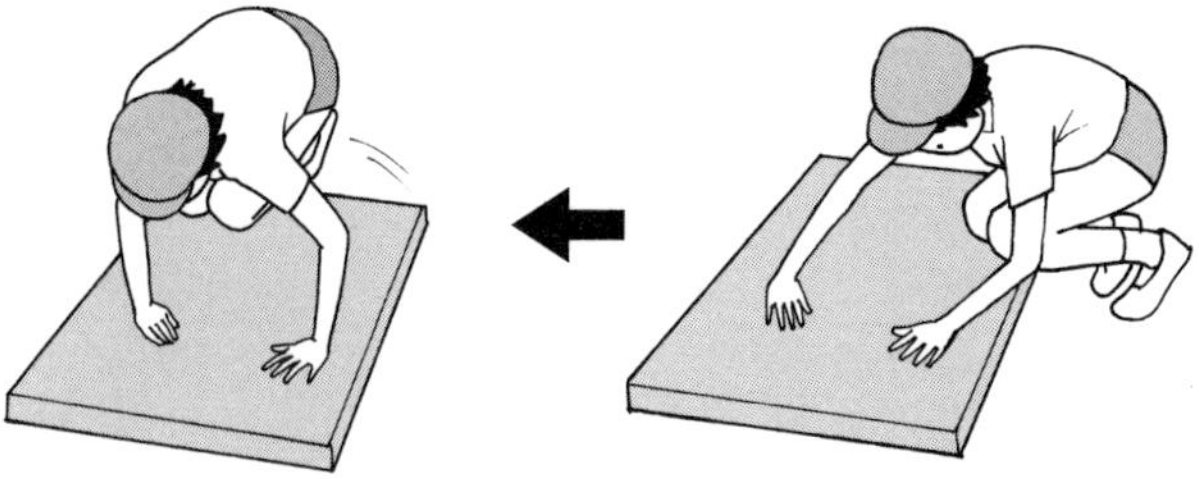

小さい川わたり

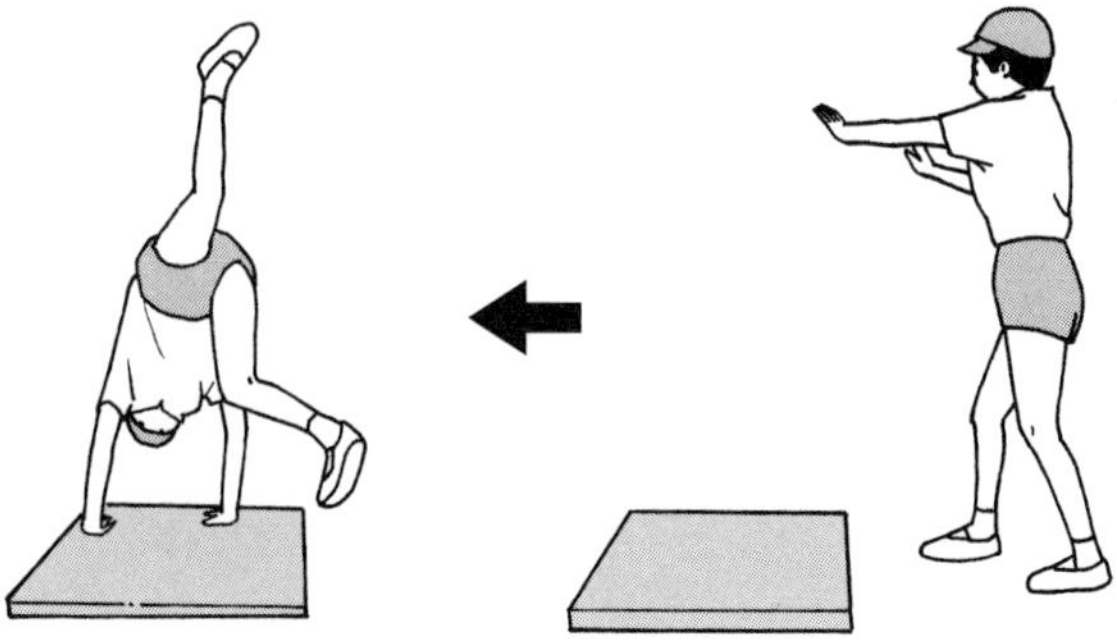

大きな川わたり

はじめは小さい川わたりから、少しずつ大きな川わたりにさせていきます。

前述のように大きな川わたりになると、右から着手するのが得意か、左から着手するのが得意か、個人差が出

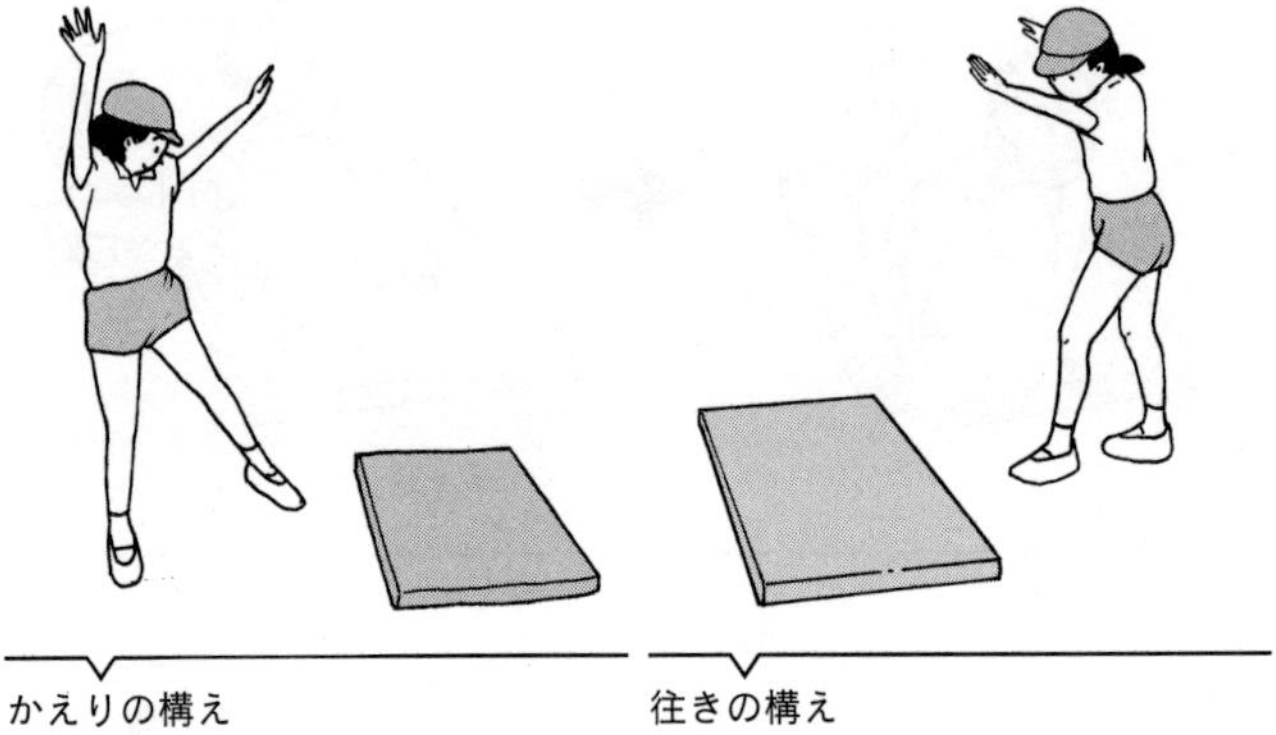

てきます。
その際、これまで一定方向を向いて運動してきたのに、川をわたって元いた場所に戻る運動のときに体の向きを変える子が出てくることがあります。同じ体の向きのまま元の位置に川わたりで戻るのは、自分にとって左右反対の運動になるため、不自然さを感じて向きを変えるのです。
この子をお手本にします。
やはり本人に分からないように、「Dさんが川を向こうへわたるときの構えと、戻るときの構えの体の向きを見ましょう」と指示します。全体で運動しているときと同様に、往き「ドドン・ドドン」、かえり「ドドン・ドドン」と太鼓を鳴らして運動させます。

運動観察後、「Dさんの体の向き、どうなってた？」と発問すると、「向きを変えてた」という回答を得られます。「Dさん、どうして体の向きを変えるの？」と問うと、多くの場合「なんとなく」とか「その方がやりやすい」と答えます。

「そうか。じゃあ今度は、Dさんが、右手と左手どちらを先につくか見ていてね」と指示をして運動観察させます。Dさんは往きもかえりもどちらか一方の手を先について川わたりをしています。Dさんが右手からついているとして、「右手からつくときは、体はこちら向きで構えた方がやりやすいんだね。**戻るときは体の向きを変えると、マットに対して同じ構えができる**んだね」と確認します。

「じゃあ、**自分が右手からがやりやすいか、左手からがやりやすいか、感じながら考えながらやってみよう。**分からなかったら先生を呼んで。一緒に考えましょう」と指示して運動を再開させます。本人が迷っている場合は、運動を見て、どちらの手からの着手かを見取っていきます。同時に足の位置が反対の場合は修正していきます。右手からの場合は、右足を前にして、マットに近付けて構えるのですが、それが反対になっていると運動がスムーズにできないので、これを修正していきます。

どこまで馬跳び

⑤『**どこまで馬跳び**』では、**馬を強く押して遠くに着地する（三年生）**

本章①(1)－②（二四ページ）の項で触れた馬跳びは、ときどき取り上げて習熟させておきます。三年生までには、「馬を押して体を前方に運ぶ」「両足同時に踏み切って、左右対称の動きで着地までできる」ようにしておきたいところです。

これができたら、さらに「馬を強く押して遠くに着地すること」をポイントにします。これを教材化（「教材化」についてはⅢ章を参照）したのが、タイトルの『**どこまで馬跳び**』です。マットを横に敷いた手前に馬をつくらせます。馬を押して遠くに着地することを子どものめあてとします。一本目のマットの縫い目が踏めたら一〇点、二本目が踏めたら二〇点…と、点数化します。三〇点が目標です。「どこまで遠くに着地できるかな」で、**『どこまで馬跳び』**というネーミングです。

遠くに着地している子の中から、馬をしっかり押している子を探します。三〇点以上は白帽子にさせると見付けやすくなります。遠くへ着地する子はほぼ全員が馬を押しています。その中から、がっちりつくっているはずの馬が、押された力で少し動くような組み合わせを見付けると、お手本として見せたい現象が分かりやすくなります。

ここでもお手本と馬の子には分からないように、「E君が馬に手をついて、その手が離れるとき、馬がどうなるか見ていてね」と指示します。E君が馬を押して突き放したときに、馬がわずかに動く瞬間に「ここ！」と合図を出してもよいでしょう。

観察後、「馬はどうなってた?」と問うと、「動いてた」「押されて動いてた」という回答が得られます。「馬のFさんは、E君が手をついたところはどんな感じ?」と聞くと「強く押されている」と答えることがほとんどです。

「E君みたいに馬を強く押すと、遠くに着地できるんだね。押される分、馬はが

どこまで馬跳びⅡ

どこまで馬跳びⅢ

っちり頑丈につくるんだよ」と指示をして運動を再開させます。

どこまで馬跳びで、**開脚跳びの跳び箱の突き放しの感覚**を養いますが、踏み切りから着手の第一局面と呼ばれる部分の感覚づくりは十分ではありません。イラストのように『**どこまで馬跳びⅡ**』『**どこまで馬跳びⅢ**』の順に馬を遠ざけて床から踏み切るルールにすると、第一局面の感覚づくりも進められます。床からの踏み切りで馬が遠のくことで、遠くに着手する第一局面と似た運動になります。どこまで馬跳びで三〇点取れていれば、Ⅱに進んでもよいでしょう。馬跳び、どこまで馬跳びで、足の裏以外をついたらアウトの「ずっこけアウト」を採用して意識付けをしていれば、床への着地も問題ないと思います。

床の板目等で得点化すると、床に着地できた子も意

持ち上げるお手伝い

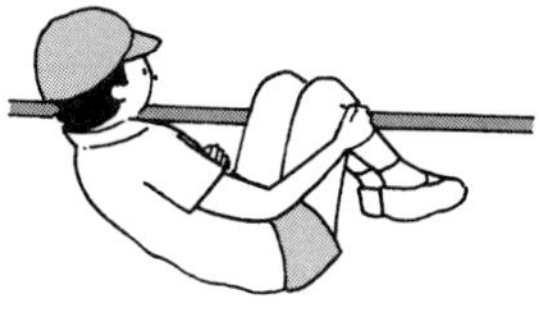

こうもり　×前に腰曲げ

欲を継続して活動できます。

⑥『こうもりふり』の顎の動きを見せる（三〜五年生）

『こうもりふり』は、振動を大きくするために手や体幹を動かします。このとき**注意したいのが、右のイラストのように腰を前に曲げる姿勢**です。**この姿勢で振動が大きくなっていくと鉄棒から膝が外れやすくなり、落下の危険性が高まります。**そして、振動させるための動きとして腕の振りを意識させると、この前屈姿勢を誘発しやすくなると感じています。

そのため単元はじめの段階では、子どもたちには、「背中側に振るときに力を入れるだけ、お腹側に振るときには力を抜きましょう」と指示して、「反ってえ〜リラックス」と口伴奏させます。

この動きがうまくできている子をお手本とすること

もあります。そのときには、腕の動きがないことを見取って指名します。腕の振りは目にとまりやすい動作なので、運動のイメージとして定着しやすいからです。前屈動作を伴わずに腕が動かせている子は問題ないのですが、学級全員で理解するポイント、運動のイメージとしては外しておきたい動きと考えています。

膝頭を押しつけるお手伝い

こうもりの姿勢になるまでに、体を逆さまにするのに苦労する子には下半身を持ち上げてやるお手伝い、鉄棒から手を離すのが怖い子には膝頭を鉄棒に押しつけるお手伝いをさせます。

今年度、実際に行った実践です。

鉄棒が苦手のG君は、慣れないうちはお手伝いをしてもらってこうもりの姿勢になっていました。鉄棒から手を離すのも怖いので、膝頭を押さえてもらって鉄棒から手を離していました。こうもりふりを始めたときも、膝頭を押さえてもらったままで振っていました。

学習が進むと一人でこうもりの姿勢になり、膝を押さえる必要もなくなりました。

こうもりふりの「あふり」

少しずつ振りが大きくなってくると、イラストのように、背中方向への振りがピークを越えた瞬間に顎を引く動作（あふり）が見えてきたのです。顎を引く動きが、胸やお腹の体幹に伝わって振動を大きくしていたのでした。

まさに、運動が苦手な子をお手本にするチャンスです。

全員を集めてG君のこうもりふりが横から見える位置に座らせました。G君本人には分からないように「背中側への振りが終わった後のG君の顎の動きを見てね」と指示します。G君がこうもりふりを始めたら、顎の動きを見せたいタイミングで「ここ！　ここ！」と声を出して分かりやすくしてやります。

運動観察後、**「顎の動きはどうなっていた？」**と問うと、多くの子が、「顎を引いていた」「胸も動いている感じがした」と、**顎と体幹の「あふり」の動きを発見**することができました。

その後、「顎の動きが胸やお腹に伝わるのはいいけど、腰を曲げちゃだめだよ」「腰が曲がると、お腹側に振った後、膝・鉄棒にガクンとショックがくるからね」と、顎の動きが前屈につながらないように気を付けさせます。

この後、G君がさらに意欲的に取り組んだのは言うまでもありません。他の子もG君をまねて、「あふり」の動きを習得していきました。

⑦周回リレーのコーナートップを理解させる（三〜四年生）

本校では三年生から、一人一〇〇メートル（トラック一周）、オープンコースの周回リレーを学習させます。運動会で全員出場の同種目があるため、ルールは確実に理解させておかなければなりません。

学習のステップは以下の順序です。

❶バトンを左手でもらって右手で渡す（一般的に言われている手とは反対ですが、コーナーを回ってくる前走者が見やすい、順位が後ろの選手がインコースに詰めやすい等の理由で、本校ではこう指導するようになりました）
❷バトン（テイクオーバー）ゾーン、ゾーンオーバーの用語や意味
❸コーナートップ（陸上競技ほど厳密ではないが、走者の交錯がないように）

❹バトンゾーン内で先のチームが通過したらインコースに詰めてよい
❺バトンゾーン内のどこで待つのがよいか

❺だけは、勝つための作戦を考えさせる内容となります。これらをだいたい一時間毎に扱って、守るべきルールを増やしていきます。**はじめから❹までを全部守らせようとするのは無理です。明らかに情報過多となります。**大人が取り組むとしても、リレーに関する知識がない大人の集まりだとすれば無理でしょう。

リレーは自分だけでなくチームの勝敗もかかってプレッシャーが大きく、仲間の応援も盛大です。だからこそ面白いのですが、慣れない子どもにとっては、**自分の順番が来たときに意識できるのは一つだけ**と考えていた方が、教師も子どもも余裕をもって学習が進められます。

これも、今年度の実践中の出来事です。
前記❷を扱っている時間のリレーの最中でした。バトンゾーン内で前走者を待つH君がインコースに割り込む動きを見取りました。H君の前走者は一位ではなかったのですが、彼は直感的にインコースに割り込んだのです。そのときはまだコーナートップを学習する前ですから、反則ではありません。

レース後、その状況を再確認して、当事者（H君と割り込まれた子どもたち）に思い出させました。その上でH君に「H君、どうして一番内側のコースに割り込んだの？　叱ってないよ。考えてることあったら教えてくれる？」と問いました。H君の答えは「なんとなく」でした。なんとなく**感覚的にインコースの方が得、速いと感じてインコースに入っていった**のでしょう。

「じゃあ、H君の気持ちが分かる人いる？」と全体に問うと、「内側の方が速いからだよ」「カーブを大きく回るのは損だから」と論理的な回答が戻ってきました。H君も他の子どもたちもこれに納得したようです。

「じゃあ、どのチームも内側を走りたいんだよね。でも毎回みんなが内側を取り合っていたら、かえって遅くなるし、危ないこともあるよね。それを避けるために、**実はリレーには速いチームから内側で待つっていうルールがあるんだ。**それを次の時間にやろう」と、**ルールの妥当性**を実感しながら理解できるように次時の予告をしました。次の時間にはもう一度その状況を想起させて、コーナートップの用語と具体的なルールを理解させました。

みんなの前で運動させるお手本とは違いますが、個の運動を見取って全体の学びに利用するという手法はお手本を見取る場合と同じです。仲間の動きからルールの妥当性を学ぶ機会を得たとなれば、理解や納得の度合いも違ってくるのではないでしょうか。

⑧跳び箱の踏み切りの幅跳び動作を見せる（四～六年生）

跳び箱運動で強く踏み切るためには、助走の最後の一歩の片足踏み切り（予備踏み切り）から両足の踏み切りまでに、走り幅跳びのような動きで、ある程度の距離が出ることがポイントだと考えています。助走の距離を伸ばさなくてもこの動きができると、強い踏み切りができる場合がほとんどです。強い踏み切りは、開脚跳びで跳び箱の奥に着手したり、さらに高い跳び箱に挑戦したり、回転系や翻転《ほんてん》系の技で腰を高く上げたりすることにつながります。

この幅跳びの動きができる子をお手本にします。これが意識しないでできているのは、多くの場合、技能・体力が高い子です。

踏み切りの動きがよく見える位置に他の子どもを座らせて、「I君の片足踏み切りの位置と、両足踏み切りの位置をよく見ておいてね」と指示します。運動観察の後、子どもたちに「どこだった？」と問いかけて、片足踏み切りの位置と両足踏み

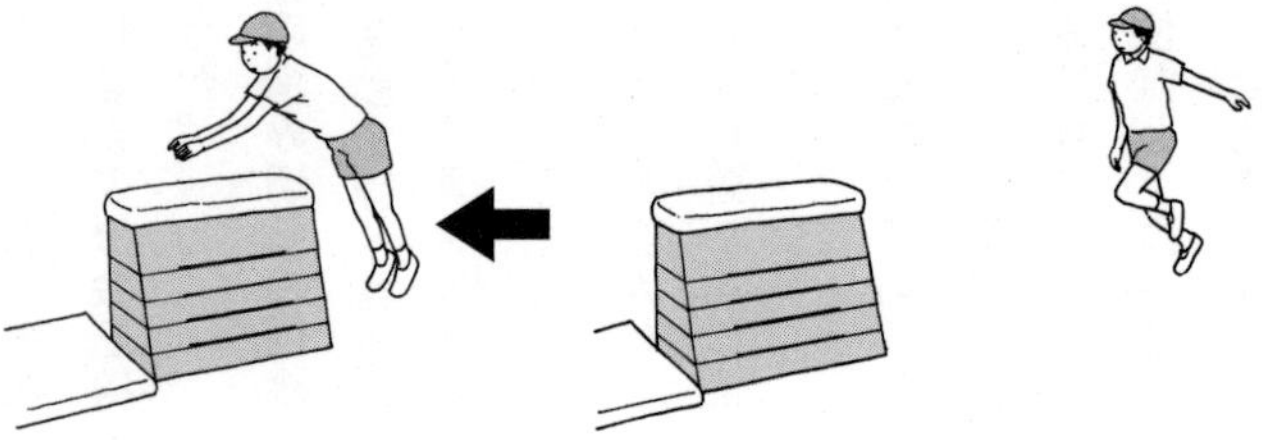

予備踏み切り　踏み切り

切りの位置をケンステップ等で視覚化します。高学年の場合で、踏み切りが強い子だと**一メートルから一メートル五〇センチ程度の距離**が出ます。

そして一定以上の高さの跳び箱だと、子どもたちのイメージからすると、跳び箱からかなり遠い位置で踏み切っていることも発見できます。助走から踏み切りまでの、ほぼ水平のエネルギーのベクトルを、いきなり大きく上方向に変えることには無理があります。踏み切りを遠くしてベクトルの方向変換の角度を小さくする必要があるのです。これにも、**助走のスピードを少し上げて、幅跳びの距離を出すことがポイント**になります。

⑨ハードルを低く跳び越すための振り上げ足は？（五～六年生）

ハードル走は、単元はじめに**「速くゴールするためには、ハードルを高く跳び越すのがいい？　低く跳び越すのがいい？」**と発問して、**「低く跳び越す方が速くゴールできる」という共通認識**を得ておきます。これを**学習、思考の軸**として学習を進めています。

私が最初に思考させるポイントが振り上げ（先にハードルを越える）足です。振り上げ足を伸ばして正面にまっすぐ上げている子をお手本とします。走力が高くない子の中にも、割と該当者がいる運動です。何人かいる場合には、他の運動教材でお手本になることが少ない子を指名するようにしています。

指名したら本人には分からないように、「Jさんの先にハードルを越える足を見てね。その後の平川君（教師）の足と比べてね」と指示します。Jさんはイラストのように、振り上げ足を正面に向けて伸ばしています。教師は振り上げ足の膝を曲げて、ややふわっとハードルを越えます。

運動観察後、「Jさんと平川君、どちらがハードルを低く越えられる？」と問うと、「Jさん」「膝を曲げると、膝から下の分だけ高く跳ばなくちゃいけない」という回答が得られます。「速くゴールするためには低く越える」「そのためには振り上

振り上げ足を伸ばすハードリング

げ足は伸ばす」と論理的に思考したということと、それほど難しい比較観察ではないことを合わせて、すべての子どもが納得するポイントとなります。

「じゃあ、振り上げ足を伸ばしてまっすぐ前に上げれば、ゴールから足の裏が見えるはずだから、ゴールした後に、自分の次の子の足の裏を見てあげて」と指示して運動を再開させます。

(3) 個別のつまずき・課題を見取る

お手本にする子どもを見取って運動観察させたり、教師のお手本を観察させたりして学級全体の運動ポイントとして理解させるのは、一時間に一つ、一つの運動教材（単元）についても三つくらいです。それ以上のポイントを意識させようとしても、多くの子どもにとって情報過多となり、消化しきれないからです。ですから単元の中では、全体で確認したポイント以外のところでつまずいている子が出てきます。これまでの経験から予想できる範囲のつまずきがほとんどですが、前述の情報過多の観点に加えて、子ども同士の見取りが難しい等の観点から、全体のポイントにはしないと判断するものです。

このような個別のつまずき、課題とも言えるポイントは教師が見取ってアドバイスするようにしています。

以下に例を述べていきます。

①かべ逆立ちのしめ不足、腕支持力の不足（二年生）

かべ逆立ちで足だけをかべにつけて、体が弓なりになりすぎて力が入りにくくなる子がいます。体幹のしめの感覚が足りずに、お腹が伸びて重心が両肩・両手に乗っていないことが原因です。このタイプの子は、かべに足が届いても戻ってきてしまうこともあります。

この場合はお腹に触って、「お腹を引っ込めてごらん。お尻をかべにつけちゃってもいいよ」とアドバイスします。お腹を引っ込めるのは、手押し車（一八九ページ）やよじのぼり（一九〇ページ）と同様の体幹のしめにつながる姿勢です。お尻をかべにつけることでかべに寄りかかる状態になり、逆立ちで立っているのが容易になります。ただし、背中側への傾きが大きくなり、これに恐怖心を感じる子には不向きな姿勢になります。また、手首の屈曲が大きくなり、負担も増えます。体の大きな子、高学年ではこれをつらく感じる子も出てくるかもしれません。

②かべ逆立ちで後ろに構えた足がかべに届かない（二年生）

かべ逆立ちのスモールステップ（一八六ページ）を進めていくと、自分一人で逆さまになる動きにつまずく子が出ます。①の体幹のしめが足りないタイプ、頭つき逆立ちの感覚が残っていて肘を曲げて頭をついてしまうタイプ等もあるのですが、ここで取り上げるのは、準備の構えで後ろになった脚の振り上げが不足しているタイプの子です。

次ページのイラストのように、だんごむし逆立ちの感覚で脚を縮めて逆さまになってしまう子もいますが、多くの子が脚の振り上げを利用して逆さまになろうとします。その中で、なかなか逆立ち姿勢になれない子の中に、振り上げの勢いそのものが不足することに加えて、両脚とも真上に上げようとする動作をしているために真っ逆さまになれない子がいます。

かべ逆立ちのしめ不足

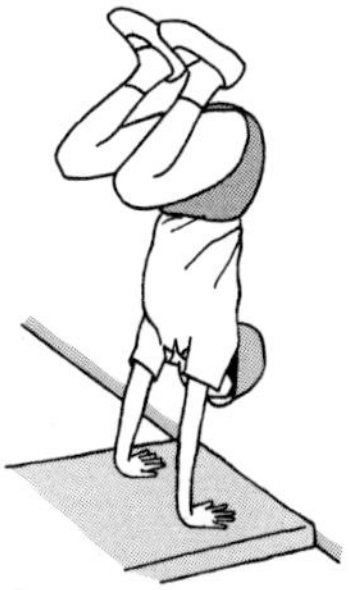

かべ逆立ちだんごむしタイプ

人間の体の部位としては重い部類の脚を真上まで上げるのはなかなか大変です。片脚だけでも真っ逆さままで上げて踵がかべにつけば、腕、体幹、片脚と体の多くの部位が逆さまになっている状態になります。そこからもう片方の脚を逆さままで上げてくるのはそれほど難しいことではありません。

「股を前後に広げて、片足だけでもかべにつけちゃおう」「先生のお手伝いで三回逆立ちになったら一人でやってみよう」とアドバイスします。後ろに構えた脚の振り上げに合わせて腿をつかみ、前後開脚をさらに広げるように、かべまで勢いを保ったまま持ち上げる補助をします。その際「ここまで！」と片脚をどこまで振り上げたいかを伝えます。ここでは振り上げの感覚をつかむことがねらいなので、逆立ち姿勢を保持することはさせずにすぐに脚を下ろして、逆立ちになる動きだけを三回連続でやらせます。

その後一人で挑戦させます。魔法のように全員ができるようになるわけではありませんが、脚の振り上げの勢いは増していきます。

側転の構え

脚の振り上げの教師補助

③『側転』の着手が遠い（二〜三年生）

『側転』の下位教材である大の字回りでは、「ぎーこぉ・ぎーこぉ」の口伴奏に合わせて左右に重心を移動させて、「それー!」の口伴奏で勢いよく横方向に回転します。これが側転になると、マットに向かって体を正対させた構えから、両腕を振り下ろして上体を落とし込む動作と、構えたときに後ろになる脚を振り上げる動作とを同調させて回転の力を得ることになります。

このとき、着手位置が前になった足から遠すぎて、両腕の振り下ろしが回転に結び付かなくなる子が出てきます。十分に習熟していて**『大きな側転』**になっていれば問題ないのですが、頭が急激に下がる感覚に慣れていないまま着手が遠くなる子がうまく回転できなくなるようです。

こういう子には、「先につく手を前の足に近付けてごらん」とアドバイスします。すぐに完全な側転にはなりにくいのですが、次第に真っ逆さまを経過するスムーズな側転になっていきます。

④『膝かけ後ろ回り』の構え（三年生）

『膝かけ後ろ回り』（一四〇ページ）は、大きな回転半径で回り出すのが最大のポイントです。私の場合は、次ページのイラストのように地面に片足をつけた構えから運動を始めさせます。そのとき、大きな回転半径で回るためには肘を伸ばした方がよいことは単元はじめに全員で確認します。

練習を始めると、後ろに回る、頭を勢いよく落とし込むという慣れない運動に緊張して、次ページ左側のイラストのように肩に力が入って、肩が上がり、首をすくめるような姿勢になっている子が出てきます。こ

膝かけ後ろ回りの構え　×

膝かけ後ろ回りの構え　○

の構えから後ろに回転しても肩を上げた分だけ回転半径が小さくなります。また、肩に力が入っている子はその緊張が腕に伝わって、肘も曲がってしまったり、頭を斜め後ろ方向に落とし込みたいのに、そのまましゃがみ込むように自分の真下に重心を落としていってしまうことが多くあります。

両方のイラストの構えを教師が分かりやすく示して、「どっちが大きく回れる?」と問うと、○のイラストのタイプの方が大きく回れることを理解します。これは、全員に理解させれば見合うことができるポイントでもあります。はじめからこれを見合わせると見るポイントが多すぎてしまうので、学習がある程度進んだところで扱うのが適当です。

理想的には、両手四本指の引っかかりだけ外れないようにして、腕・肩はリラックスして伸びきっているのがよいのですが、そこまでの感覚は伝えたり、理解させたりするのは難しいので、目に見える現象を理解させていきます。

⑤走り幅跳びの踏み切り前の一歩が広い（四～六年生）

走り幅跳び系の教材では、三年生までに子どもの遊びを教材化した『ジャンケングリコ』や、ゴムを越えることを課題とした簡単な教材の『川とび』で〈片足踏み切り―両脚着地〉の動きができるようにしておきます。その上で、四年生からの走り幅跳びでは、**前屈の空中姿勢を「く」の字**で、**股関節、膝関節を十分に曲げる着地姿勢を「ん」の字**でイメージさせます。

以上が全体で確認するポイントです。〈片足踏み切り―両脚着地〉の動きができていても、助走距離が伸びてくる、助走スピードが上がってくるという中で、踏み切りが合わなくて最後の一歩を大きくしてしまう子が出てきます。「タ・タ・タ」というリズムで助走してきたとしたら、最後の一歩から踏み切りは「タターン」とやや小さくして、踏み切る力をためたいのですが、反対に大股になってしまうのです。踏み切りが合わずに、踏み切りゾーン（ゴムのベースを利用）から出てしまえば、明らかなファールとして子どもも認識できるのですが、大股で合わせてしまうと、子ども同士では分からない場合が多いのです。

こういう子を見取ったときには、「スタートを基準のラインから少しずらしてごらん」「踏み切り前の最後の一歩は少し小さい方が強く踏み切れるんだよ」とアドバイスします。この後に「A君が、踏み切り前の最後の一歩が大きくなって記録が悪かったんだけど、他にも同じことがあった人はいるかな」と問いかけて、全体で確認します。

感覚的なポイントなので、はじめに伝えても子どもの腑に落ちる情報ではないと考えています。教師がもっている情報を一度にすべて出す学習カードのような情報提供では多くの子が情報過多になり、それを処理しきれなくなってしまいます。教師が子どもの動きを見取って、必要なときに必要な情報を出せる啐啄同時の指導を目指したいと考えています。

⑥平泳ぎのかきが狭い、クロールの入水が内側に入りすぎている（五〜六年生）

ここで述べるのは、これまでの例と違い、小学校学習指導要領の範囲を超えているような技能の高い子の見取りと言えるかもしれません。平泳ぎ、クロールで二五〜五〇メートル泳げるというような子が、さらに合理的な泳ぎを身に付けるための見取りになる場合が多いからです。もちろん二五メートルを目指している子どもにも有効な視点なのですが、このような子の場合は、かえる足でしっかり水を捉えること、クロールの息つぎで顔を上げすぎないこと等のポイントを意識する方がより効果が高いと言えます。

平泳ぎは、テレビで見る競泳選手のイメージなのか、かきの最後に顔の下辺りで両手を合わせてまとめる動作に意識が行きがちです。その結果、手のかきが外へ広がらなくなり、幅の狭いかきになっている子が出てきます。

このタイプの子には、「もう少し外側に大きく開いてからまとめてきた方がいいよ」とアドバイスして、ハートを逆さまにしたかきの形に近付けていきます。

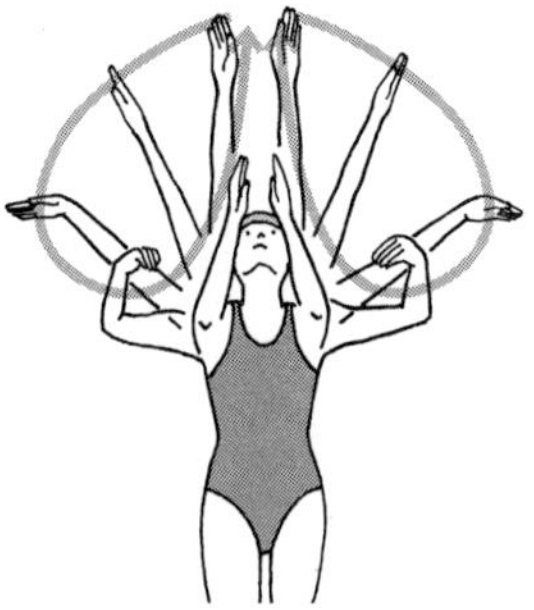

平泳ぎのかき

クロールは、水をかき終わった手を前に戻して、肩の延長線上に再度入水させるのが理想的な動きです。この位置でさらに手を前に伸ばすグライド動作で遠くの水を捉えたいのですが、この手が内側に入りすぎている子が出てきます。中には体の正中線を越えて反対側に伸ばしている子もいます。この動きはヘビが前進するときのように、体全体をクネクネとくねらす動きにつながってしまいます。

このような子には、「前に戻した手をもっと外側に入れて伸ばそう。自分の体よりも外側くらいのイメージの方がいいよ」とアドバイスします。水に浮いているという非日常の状態、自分の動きが見えない姿勢での運動は、修正しようと意識してもなかなか修正できないものです。正しい動きよりも少し大げさに意識して修正した方がうまくいくことが多くあるので、このようにアドバイスすることもときに有効です。

2 集団を見取る

チーム対抗のゲーム、リレー、グループ別の活動等、体育授業は小集団での活動がほとんどです。勝負がかかったゲームでは、夢中になるあまり乱暴な言動が出てしまうこともあります。このような活動が主となる体育授業では、**集団の雰囲気や仲間と肯定的にかかわろうとする意欲・態度等**が、学習を進めていく上での大切な要素となります。**対話的な学びの土台**とも言えるでしょう。

このようなグループ活動で集団の状態を見取り、指導の手を入れていくことで、体育授業を学級づくりに役立てることもできます。その意味では、学年はじめ、学級はじめに有効な見取りかもしれません。もちろん力のある教師は体育だけでなく、すべての教科・領域の授業、休み時間の様子等、教育活動全体で常時、個と集団を見取り、それに伴った指導をしているはずです。

雰囲気の見取り等は文章では伝えにくい部分があります。ここでは、見えやすい、分かりやすい教材や場面で、私の見取りを紹介していきます。付け加えて、ここで紹介する教材は、集団の状態を見取ると同時に、仲間と触れ合って仲間づくり、集団づくりを進めるねらいをもつ教材であるということもご理解ください。

(1) 男女の仲がよいか

高学年になるに従い、思春期を迎えつつある子どもたちが異性を意識して、男女一緒の活動がしにくくなるのは、ある程度仕方がないことです。でも、（一部の私立学校を除いては）せっかくの男女共修の体育授業ですから、男女が仲よくかかわり合って学び合えたらよいと思うのは私だけではないはずです。**低学年から男女ペアの活動、男女混合のグループ活動を継続させて、できる限り男女を分けない指導を心がけたい**ものです。

①二人組の運動

一年生から始める『**馬跳び**』、二年生から三年生で始める『**ブリッジくぐり**』と『**グーパー跳び**』等の二人組で行う運動は、一年間固定の男女二人組で行うのが

ブリッジくぐり

グーパー跳び

基本です。この活動がスムーズにできれば、男女間の関係はほぼ問題なく良好と言えます。

私の経験では、三年生までは問題なく進みます。本校では四年生に進級する際にクラス替えがあるので、そこで男女を意識した雰囲気が少し生じますが、**男女ペアの学習が当たり前**と思わせると、それほど抵抗なく取り組むことができます。

ブリッジくぐりは、男女ペアの相手がつくったブリッジをくぐり、左右どちらかに周回してまたくぐります。何周できたかで得点化します。得点を足し算（『体育授業が得意になる9つの方法』〔東洋館出版社〕七九ページ参照）することで、男女ペアの協力を促します。

教師は、よく体が上がっているブリッジのお腹を触って評価してまわったり、体が上がらないブリッジを持ち上げて補助したりします。

グーパー跳びは、一人が長座して脚を開閉します。もう一人が反対のタイミングで脚を開閉しながらその脚を跳び越えます。長座の子が脚を踏まれないように、運動を終わらせるときには、ジャンプしている子が先に止めるように指示しておきます。万が一、脚を踏まれたときにも最小限の痛さで済むように、ジャンプしていた子がひっくり返らないように、二人が両手をつないで、長座の子が相手の体重の何パーセントかを支えるようにさせます。

ここでさっと手をつなぐ男女ペアが多い学級だと、グルーピングが容易で、男女のお手伝いにも取り組みやすいと見取ることができます。

②『ジャンケンゲーム』

運動とジャンケンを組み合わせたゲームです。**運動をジャンケンに負けた罰ゲームにしないところがポイント**です。次が基本的な方法です。

○ジャンケンをして、勝った方が教師が指定した（感覚づくりをねらった）運動をする

○三回勝ったら（指定の運動をしたら）チャンピオンとなってアガリ

勝った子が運動することで、運動しないままアガリにならないようにしてあります。

また、運動の行わせ方の例は、次のようになります。

○『ジャンケン馬跳び』は、負けた方が馬、勝った方が一〇回跳ぶ

○『ジャンケン手押し車』は、勝った方が手をついて一〇歩歩く
○『ジャンケントンネルくぐり（水泳）』は、負けた方が脚を開いてトンネルをつくり、勝った方がそれをくぐる
○『よじのぼりジャンケン』は、少し方法が違って、よじのぼり逆立ちの姿勢（これ自体が感覚づくりをねらう運動になる）でジャンケンをする

これらのジャンケンゲームも基本的には男女で行わせます。
勝敗や順位は、次の方法等で競わせますが、ジャンケンと運動は男女で行わせます。

○個人戦で早くチャンピオンになったら並んで順位をつける
○男女対抗で、一定時間にどちらがたくさんチャンピオンになるか競う
○班対抗で、メンバー全員がチャンピオンとして揃った班から順位をつける

規制がなくても男女関係なくジャンケンができて、ゲームが進んでいくのが理想ですが、おそらく四年生くらいからは、男同士、女同士でジャンケンをするようになっていくと予想できます。

五年生のある授業を参観したときのことです。授業の中ほどで、ある課題に関して「同じ考えをもつ者同士でグループをつくる」と指示され、子どもたちは男女がきれいに分か

れたグループをつくりました。特に男女間の仲が悪いという学級集団ではないのですが、男女を混ぜる等の指定がなければこうなるのが自然なのでしょう。このグルーピングに問題があると言っているのではありません。「同じ考えをもつ者同士の交流」をねらったグルーピングで、その視点を掘り下げたり、広げたりしたかったのです。その一方で、**男女間のかかわり合いを良好に保ちたい、男女で一緒に運動できる雰囲気を保ちたいという視点をもつならば、男女を混ぜてグルーピングをするのが適当です。**前掲の例のように、自然に任せれば思春期前の子どもたちは男女で分かれてグループをつくります。それが当たり前になって一定期間を過ごすと、**男女で一緒に活動する、体に触れ合って運動することを嫌がるようになってしまいます。**

そこで、一番簡単な活動であるジャンケンから、**「男女ですること」という約束を設ける**のです。

男女でジャンケン、運動をするこのゲームがスムーズに進むかは集団の見取りに役立ちます。ある学校の研究会で飛び込み授業をさせてもらったときにこのジャンケンゲームを展開したところ、「用意、はじめ!」で学級全員が固まったことがありました。男女でジャンケンをすることに抵抗を感じている学級だったのです。こうなることを避けて、男女がかかわる活動はさせないという選択肢もありますが、やはり私は**男女のかべなく、楽しい活動ができる学級にしていきたい**と考えます。

③『ひっこぬき』

鬼がサークルの中から仲間を引っこ抜きます。引っこ抜かれた子は鬼になります。はじめから何人かの鬼がいて、引っこ抜いた鬼はサークルの中に入れるというルールでもよいですし、鬼が増えていくパターンもあります。鬼が増えていくルールだと、最初の鬼は教師だけで始められます。

安全のための約束として、以下のこと等を確認してから始めます。

○鬼は足を引っ張る（手を引っ張ると肘、肩を痛める可能性がある）
○そのために、体は外向きにしておく
○鬼が足をつかもうとしたときにばたつかせない（鬼の突き指防止）
○中の子は、お尻を床につけておく（他の子に乗り上げないため）

何度かゲームを経験すると、サークルの中の子ども同士で腕を組んで引っ張り出されないように協力し出すようになります。そうなったら、次のルールを付け足します。

○協力するのはよいが、鬼に強く引っ張られて痛くなったら「痛い」と言う。そう

ひっこぬき

なったら、サークルの中の子が手を離す（鬼が離してしまったら鬼遊びにならないから）

この教材では、サークルの中の子どもたちは、お互いに体を密着して鬼から逃げることになります。鬼から逃げることに夢中になって男女関係なく体をくっつけ合い、腕を組む様子が見えれば、男女間の関係は良好と見取ることができます。鬼も男女関係なく引っ張っていれば、さらによい関係、雰囲気であると言えるでしょう。

おしくらまんじゅうのようでもあり、**冬季の体ほぐしの運動として取り組むのに最適な教材**です。

(2) 学び合う雰囲気が醸成されているか

「主体的・対話的で深い学び」の実現に大きくかかわる視点だと言えます。仲間とかかわり合って考え、活動する雰囲気ができているかどうかということですから、実現のための条件とも言えるかもしれません。

(1)で述べた、**男女や仲間同士の関係がよければ、学び合う雰囲気もよくなることは容易に想像できます。**仲間との関係がよいから学び合いの雰囲気がよくなるのか、楽しく前向きに学ぶ雰囲気があるから仲間関係がよくなるのか、はっきりとは分かりませんが、双方を縄を綯《な》うように育てていくことになるのでしょう。

以下に、学び合うよい雰囲気ができているな、という状況を紹介します。

①長なわ跳び

長なわ跳びは、連続で何回跳べるかを競うことが多くあります。一人ひとりに責任がかかり、連続の回数が増えるほどプレッシャーも大きくなっていきます。

一つ目の視点は、全員が真剣に取り組んでいるかという点です。

単調ともとれる運動の繰り返しに、**個々が自分の責任を感じて前向きに取り組める学**

級は、記録も伸びるし、知的な学び合いの場面でもよく考えることができます。反対に、悪ふざけをする子が出てくると、真面目に取り組んでいる子の意欲も減退していってしまいます。また、学級の雰囲気や、悪ふざけした子への子ども同士の声かけで、それが減っていく、なくなっていくというのも望みたい姿です。悪ふざけが普通になってしまっている雰囲気だと、それが波及して広がっていきます。その雰囲気になると、教師からの制止や、強制的な指導が必要になってしまいます。

二つ目は、長なわ跳びが苦手な子へのかかわり方です。

苦手意識を感じている子は、当然他の子よりも緊張して運動に取り組んでいます。失敗する確率も高くなります。そんな子がなわになかなか入れないときや、引っかかって連続記録が途切れたときの周囲の対応を見取ります。真剣に取り組んだ結果失敗してしまった子に、励ましたり、具体的なアドバイスをしたり、背中を押してなわに入るタイミングを教えてやったり、そんな対応ができる学級は学び合う雰囲気になっていると見取ることができます。

もちろん、そのような行動を個別に見取って賞賛することで**雰囲気づくりを進めること**も心がけなくてはなりません。

②ボール運動の教材化への反応

新しい学習指導要領でも、ボール運動は、ゴール型、ネット型、ベースボール型の三つの型に分けて記載されています。これは、競技スポーツをそのまま授業にもち込むのではなく、**さまざまな技能レベルの子が楽しめるように、型毎の学習内容が習得できるように、ゲームを楽しむのに必要な技能やルールを簡単にした教材を授業で扱いましょう、**という趣旨と理解できます。

ところが、教材化したボール運動を学級に提示したときに、「えー、ホンモノのサッカーがやりたーい！」と、半ば抗議されることがあります。クラブチームや習い事、日常のボール遊びで高い技能を習得している子、専門的な知識をもっている子の中に、こういう思いをもつ子がいることは理解できます。

○苦手な子も少しでも楽しめるようにしたいこと
○学校の授業だから、みんなが参加できるようにしたいこと
○高いレベルのホンモノに近いゲームは、授業以外でも楽しむ機会があること

以上のこと等を話して、授業でのボールゲームの意義を理解させます。また、運動の苦手な子や女子のためハンディキャップルール等を提案することもあります。

これらを理解して受け入れ、みんなでゲームを楽しめる学級は学び合う雰囲気ができている、できつつあると見取れます。そして、明文化されていないマナーの範囲（教材化されたボールゲームはこの範囲が非常に大きい）と言えるプレイや行動もでき、ゲームがラフ（荒々しく）にならずに、**苦手意識をもっている子も実質的にゲームに参加して楽しむことができます。**

反対にこれができないとゲームがラフになり、少しでも苦手意識のある子はボールに触れるのが怖くなってしまい、学習内容の習得どころではなくなってしまいます。

体育授業であるならば「ホンモノがやりたい」の声に流されることなく、すべての子が学習内容を習得する可能性が高まる教材を授業で扱わなければなりません。それを素直に受け入れる雰囲気づくりをしていきたいものです。

Chapter opening page 2

体育授業に大切な3つの力

▼

Ⅰ　子どもの活動・運動を見取る力

Ⅱ　伝え、理解させる力

Ⅲ　教材化する力

授業では、子ども個々や集団の雰囲気等の見取りと同様に、教師の指示や発問を聞かせ、方法や内容、課題を理解させることが大切になります。

これに関する体育授業のマイナス面の特性として、机・椅子がない、子どもが多くの時間動いている、学習の場が広い等が挙げられます。このような特性が、一般的に「体育は大変」というイメージを抱かせるのかもしれません。しかし、教師の工夫や指導技術によって、体育の授業でもしっかり話を聞かせて理解させることはできます。

本章では、その工夫や具体的な方法について述べていきます。

1 授業の約束をつくる

すべての教科等通じての約束をつくり、それを徹底している学級担任の先生はたくさんいらっしゃいます。これに「伝え、理解させる」ための体育授業の約束を加えるとすれば、次のことをおすすめします。

○先生や友だちの話は、耳と目とへそで聞く

「耳」は当たり前、「目」も約束に入れている先生が多いと思います。話は耳で聞いて理

解できれば最低限事足りていると言えます。でも、話を聞くことは一つのコミュニケーションですから、話している相手に、「私はあなたの言うことを聞いていますよ」というメッセージを伝えることが大事であると考えています。そのために、顔を上げて相手を見て話を聞くのです。こちらを見て話を聞いてくれると、話す側もしっかり聞いていると認識できて、安心して話すことができます。

さらに「へそ」を加えているのは、前述の「机・椅子がない」に関係します。体育授業では、どこが学習の場の「前」になるのか、どこを見ればよいのかは、そのときどきで変わります。**教師がいるところ、発言する子どもがいるところ、お手本の子が運動するところ等が、教室の教壇、黒板のポジションになるのです。**教室であれば机・椅子がそちらに向いている場合がほとんどですが、体育授業の場合は、話す相手に「へそ」を向けることで、相手により強く**「聞いてますよ」というメッセージを送ること**と、**意識を集中すること**ができるのです。

話を聞くことに関しては、これに加えて次のことを約束に入れています。

―○人の話に割り込まない―

この約束は体育に限ったことではありませんが、体育の場合、運動やゲームの方法等、まず聞いてインプットさせないと、活動が始められないことが多くあります。疑問や意見は後で受け付けることにして、**まず先生や仲間の話を最後まで聞くことを徹底させます。**

もちろん教師側も分かりやすく、端的に話ができるように努力する必要があります。

子どもたちに話を聞こうとする姿勢ができていると教師がよけいな指導をする必要がなく、活動に関する必要最低限の指示、学習内容にかかわる発問等に専念することができます。その好影響は子どもに返り、学習の効率、効果が二倍、三倍にもなると感じています。また、教師も子どもに伝わりやすく、理解しやすく話すことに注意が向けられ、授業の技量も上がっていきます。

この他には、左記を授業の約束にしています。

○集合は、早く、静かに、ぶつからない

○仲間を大切に

注意すべきは、この**約束づくりが高圧的になりすぎないこと。**

四月の授業開きで確認して、できている子、こちらに注意が向いている子を褒めることで全体が約束に気付いていけるようにすることです。これがなかなかできないのが、自分の反省すべき点もあるのですが…。

2 声の大きさやトーン等、話し方を工夫する

同じ内容の話、文字に起こすと同じ話も、話し方や間の取り方等によって聞く側からの印象、理解度が違ってくるのは読者の皆さんもご承知のとおりです。大学の先生の講演を聴くと、ときおり「伝えようとする気があるのかな」「これでは学生が講義を聴かない、居眠りするというのも仕方ない」と感じられてしまうことがあります。日本を代表する研究者ですから内容は確かなはずなのですが、話が伝わりにくいのです。もちろん、大学の先生すべてというわけではありません。講演が上手な先生もたくさんいらっしゃいますが、そもそも、内容を伝えよう、理解させようと努力しない先生がいるのだとすれば、それはとてももったいないことです。

話が伝わりにくくても自分にとって必要な情報であれば、大人は理性で内容を理解しようとしますが、子どもにそれを求めるのは難しすぎます。私もまだまだうまくいかないことが多いのですが、子どもに話す内容を伝え、理解させるために心がけていることを以下に述べます。

(1) 大きな声で伝える場面、小さな声で伝える場面を区別する

広い場で活動している時間が多い体育授業ですから、基本的には大きな声になります。教室での授業よりも大きくなるのが普通です。大きいだけでなく、少しトーンを上げて子どもたちが聞きやすくなるようにします。

こんな体育授業の中でも、**いつもより大きな声で伝える場面、意識して小さな声にする場面**があります。

①大きな声で伝える場面

ポイント **褒める**

褒めるのは、よい行いやよい動きができたとき、課題が達成されたときですから、大いに大きな声で褒めて、それを学級内に広めるようにします。

褒めることで競争心をほどよく刺激することがあります。

長なわ跳びでグループ毎に連続跳びに取り組んでいる場合等です。こちらが刺激しなくても、子どもは自然発生的に記録を伸ばしたい、一番になりたいと思って運動しています。その思いから、一〇〇、二〇〇と区切りとなる数が近付くと「九五、九六、九七……」と

数える声が大きくなります。これに乗じて教師も大きな声で数えます。そして、「三班は一〇〇を超えたぞー！」と、他の班を刺激します。不思議と一つの班がかべを越えると、それに続く班が現れることが多いのです。連続の数が増えていくと集中力も高まり、よい緊張感の中で活動することができます。

　褒めることを通して教師の価値観を伝えることもねらっています。**「1授業の約束をつくる」**で述べている話の聞き方等は、比較的落ち着いた場面でのやりとりになりますので、大きな声で褒める必然性がありません。**全体が活動している、移動している等の場合に大きな声で褒めると効果があります。**

　教師の価値観を伝えるのは運動のできばえに関することだけでなく、学習態度や用具の準備・片付けに関すること等も含まれます。このような場面も積極的に見取って褒めるように心がけています。「五班は準備が早くできたね。ＯＫ！」「二班は取りかかりが早い！」等と褒めると、それが全体に波及して行動が早くなっていきます。運動学習にかける時間を増やすためにも、褒めることで意識付けたい部分です。

　ボール運動試合中のよいプレイや動きも、大きな声で褒めるようにしています。二試合以上を同時進行していることがほとんどなので、一試合だけを止めることは難しくなります。そのため、試合を進行させながら大きな声で褒めることになります。本人や周囲の子どもによい動きを認識させること、本人の動機付けを高めることをねらって、「ナイスプレイ！」「ナイスシュート！」「ナイスカット！」と、よい結果が見えるプレイを褒めたり、「○○君、今の動きよかったぞ！」「よくそこに走り込んだ！」「ねらいが分かるパスだったぞ！」と結果や得点に結び付かなかったプレイも取り上げて褒めるように心がけています。特に学習内容に結び付くようなプレイや判断については、試合後に再度取り上げて学級全体で共有するようにします。

ポイント 危険な行為を止める

これまでと反対の叱る場面になります。その中でも**危険な行為、放っておくとケガにつながる行為については、一言で制止しなくてはなりません。**また、大きな声で叱って制止することで、子どもたちに「やってはいけないこと」という認識をもってほしいとも考えています。

用具の持ち運びでふざけている場合等がこれに当たります。もちろん、初めて使う用具や久しぶりに使う用具については、持ち運び方の指導をしておくことが前提です。同時に、運動ではなく、準備や片付けの際の不注意でケガをするのが一番よくないということ、そのケガにより運動できなくなったらもったいないということも指導しておきます。

準備や片付けで一番気を遣うのが跳び箱です。

固くて重い跳び箱を何台も出さなくてはいけないからです。跳び箱は一台につき四人として、一番上の段を二人で、それ以外の段をもう二人で運ばせます。必ず両手で定められた場所を持つように指導します。持ち上げた跳び箱が傾いたり、場合によってはクルンと回転してしまったりして、手首や指の捻挫をすることがあるため確実に指導します。回転して外れた段が、足の上に落ちる可能性があることも伝えます。その上で、片手で持って、反対の手で上から押さえるような持ち方をしている子には「下ろしなさい！」といったん床に下ろさせます。全員にしっかり伝えるために大きな声で伝えます。既に指導してあることなので、叱る意図もあります。持ち方や、なぜそう持たなければいけないかをもう一度確認して再開させます。

学校によっては、マットや跳び箱を台車に載せてあります。重い用具が載っている台車はゆっくり転がしても大きなエネルギーをもっています。最大限慎重に動かす注意が必要です。

また、数人でロングマットを運ばせると、マットを引っ張って走ろうとする子が出てくることがあります。それに何人かが同調することもあります。このような場合は、「走るな！」と大きな声で止める必要があります。マットに引きずられて転んだり、他の子がマットに当たったりすることを防ぐためです。

マットを積み上げる場合、マットの間に挟まるのも、大抵悪ふざけです。これもすぐに止めて、しっかり指導します。

運動中の危険な行為も一言で静止しなくてはいけません。

子どもたちには、「逆さのとき、回転しているとき、水の中にいるときは、自分の体がどうなっているか分からなくなることが多いから、絶対に悪ふざけをしてはいけない」と指導しておきます。その上で、逆立ちをしている子を笑わせたり、側転やハンドスプリング跳び箱運動の助走をしている子にちょっかいを出す子がいれば、一言で制止して指導しなければなりません。

叱ってばかりはよくありませんが、必要なときに叱れない教師はもっとよくないと言えます。

ポイント 運動中の子にポイントを伝える

運動している子は、自分の姿勢や四肢の上体を認識すること、その上で体を操作することに集中しています。ですから、運動の最中の子に運動のポイントを伝えるには大きな声で伝える必要があります。もちろん**伝える内容は端的に一言で済ませなければ伝わりません。**そのくらい**運動のポイントが焦点化されていること**も条件になります。

前述のボール運動の試合中に褒める声かけもこれに入ります。褒めることで本人と周りの子どもたちにポイントを伝えていることになります。ゴール型の試合中には、「前！」「前へ！」と大きな声をかけることも多くあります。Ⅲ章で詳しく述べますが（一四七ページ）、ゴール型の学習内容は「前（相手ゴール）へボールを運ぶこと」と押さえ、それをゲーム中に意識させ続けるように声かけします。どうしてよいか分からず動けなくなっている子、思わず後ろの子にパスしてしまうような子に大きな声でアドバイスするようにしています。

かべ逆立ち（二〇二ページ）で目玉を見ていない子を見取った場合には、「目玉！」と大きな声でポイントを伝えて意識させます。側転やハンドスプリングもこのポイントは同じなのですが、一瞬で運動が終わってしまうため、その瞬間の声かけは難しくなります。ハンドスプリングの練習過程で扱うブリッジに関しても運動を見取って、同じように「目玉！」と声をかけることができます。

ポイント 教師の感情を伝える

これはもちろん、子どもにとってプラスに働く教師の感情です。子どもが運動を成功させたときに「やったー！」と喜ぶ、もう少しで成功しそうなときに「惜しい！」と悔しがり、「もう少し！」と励ますような声かけは大きな声で、ジェスチャーも加えて本人にも、周囲の子どもにも伝えようと考えています。**「先生は、みんなが上手になることを願っている」「できるようになると先生もうれしい」**という思いが伝われば、前向きに取り組もうという子も増えると考えています。

②小さな声で伝える場面

ほとんどありませんが、Ⅰ章の[1](2)「見本になる子を見付ける」（三六ページ）で述べている、お手本の子の運動を見せる場面では、運動を見る視点を小さな声で伝えることがあります。前述のとおり、運動する子がどこを見られているかを意識すると、正解探しをしてしまい、見せたい運動が再現されないことがあるからです。**お手本の子には耳をふさいで背中を向けてもらい、それ以外の子に小さな声で伝えます。**

もう一つは、話をしっかり聞かせる意図をもって小さな声で話す場面です。

多くの子がやりたいと思うことを誰かにお手本でやらせる場合があります。例えば、ボール運動のやり方やルールを理解させるためのお手本ゲーム、運動会のダンス練習でのオープニングのかけ声等です。このような場面で、小さい声で「誰かやりたい人?」と尋ねると、よく聞いている子、意欲があって早く集合して教師の近くにいる子が聞き取って、「はい!」と挙手します。思考させたり議論させたりする場面では、あまり自分から前に出てこない子に意識を向けなければいけないのですが、そういう意図をもたずに、早く誰かにやらせたい場面で使う手法です。

(2) 無駄な言葉を出さない

ここで言う無駄な言葉とは、言葉に詰まったときに無意識に出てしまう「えー」「えーとね」「あのー」等の言葉です。声の大きさやトーンとは違いますが、より話を聞きやすく、伝わりやすくするために私が気を付けていることです(完全にできているわけではありません)。

次の言葉に詰まって出てこないとき、つい「えー」と言葉をつないでしまいがちですが、そこは無音のままでいた方が、聞いている側が「あれ?」「何を言おうとしているんだろう?」と注目してくれると感じています。

こちらが悩んでいることを伝えるのに「んー、どうしようかなあ」とか、冗談交じりに子どもたちに謝るのに「あのー、それは私が準備を忘れました」とか言うことはあります。意図的に使えていればよいのですが、**無意識に出てくる無駄な言葉はできるだけ少なくする、できればなくすように心がけています。**

(3) 口を大きく開ける、ジェスチャーをつける

運動をしている最中は音も出ますし、子どもたちの言葉による交流も盛んです。体育室だとさらに音が響いて聞きにくくなります。二つの学級が同時に体育室で授業している場合等は、こちらが運動観察や思考、議論の場面をとろうとしても、向こうはゲームで大盛り上がり、という場合もあります。

そんな状況で教師の言葉を伝えるのに、このような工夫が必要です。これらは、前述の約束を守って〝目〟でも話を聞いている、または活動中の子どもの名前を呼んで目が合っていることが前提にはなります。

こちらの学級は議論したいが向こうの学級は盛り上がっているという場面では、聞きにくさを口の動きで補うことを考えます。口を大きく開けた方が聞きやすい声になるという

“大きな声で！” サイン

“なんですか？” サイン

効果もあります。ゆっくり話すと子どもが理解しやすいということはどの先生方もご承知と思いますが、**口の形も見て理解しやすくなるという効果**もあるのではないでしょうか。聞きにくさを読唇術で補うイメージです。

また、子どもの声が聞きにくい場合は、耳に手を当てて、**〝なんですか？〟サイン**、続けて口の前で手を開いて**〝大きな声で！〟サイン**を出して、声を大きくするように促します。

活動がうまく進んでいる、上手にできたとき等は、「オーケー」と口を動かし、指で**〝OK〟サイン**を出せば伝わります。親指を立てた**〝グッジョブ〟サイン**でもよいでしょう。

場が広くなって遠くの子に伝えるには、**大きな〝丸サイン〟**になります。

ちょっと悪ふざけが見える子やグループには、**〝バッ**

グッジョブサイン

OK サイン

テン〃サインで気付かせ、学習に向かうように修正します。

　子どもたちが教師を見て、その言うことを理解しようとすると、このようなコミュニケーションが可能になります。そうなれば授業展開もかなりスムーズになってきます。子どもたちにも「隣の学級が音を立てていても、遠くでも話が聞けてえらいね」「みんながよく聞くと、たくさん運動ができるね」と褒めると、さらに意識が高まります。

3 見せる、聞かせる体勢を工夫する

繰り返しになりますが、体育授業では机・椅子がありません。仲間の運動を観察したり、話を聞いたり、議論したりという場面で、どのような体勢で伝えるべき内容を伝えて理解させるかを教師が意識できると、子どもへの伝わりやすさや理解度が違ってきます。加えて授業マネジメントも円滑になります。私の場合の使い分けを述べていきます。

(1) 集めて座らせる

最もしっかり見せたい、聞かせたい、話し合わせたい場合に用います。「深い学び」と言える場面も多くあります。子どもたちに共通の認識をもたせて、「主体的・対話的な学び」の土台をつくる場面でもあります。

①運動観察場面

仲間の運動を観察して、そのポイントを理解する場面です。基本的には座らせますが、仲間の後ろになって見えにくい子は立ってもよいと指示します。

運動観察の場合、落ち着いて座ってしっかり見ることも大事なのですが、**見せたい運動や体の部位がよく見える位置に集める**ということも重要です。

例えば、クロールの息つぎを見せるなら、お手本の子の前や後ろではなく、息つぎをする側に集めます。跳び箱運動開脚跳びの着手位置を見せるなら、後ろの子が立つことになっても、跳び箱真横の狭い範囲に集めた方がよく見えます。前者の場合には、「こちら側のプールサイドに座りなさい」という指示になります。後者の場合は、教師が両手を扇形に広げて「この範囲に座りなさい」「友だちの後ろになる子は立ってもいいです」と座る範囲を跳び箱の両側に指定します。

屋外での低学年授業だと、座らせると地面にお絵描きをしたり、砂遊びを始めたりする子が出てきます。**「〇〇君、顔が上がってるね」「みんなと目が合うかな」**等の声かけでお手本の子に注目させます。

②短なわ跳び、ボールを使う運動

短なわ跳びの授業の場合は、少し違った理由も加わって座らせる場面が多くなります。それは、全員がなわを持っていて、立っているとつい跳びたくなってしまうということです。低学年ほどその傾向が強く出ます。「跳びたい」「運動したい」という強い思いの表れなので、ある意味では歓迎すべき現象なのですが、**仲間の運動を見たり、それによって考えて知識を得たりするのも大切な学習**ですから、少し我慢させます。

体つくり運動やボール運動で、多くの子がボールを持っている場合も似たことが起こります。ついドリブルしたり、投げ上げたり、転がしたくなったりして集中できなくなるのです。教師も他の子たちもボールが動いていると視覚的にも聴覚的にも注意が散漫になってしまいますから、「座ったらボールは止めておく」という約束をつくっておきます。

(2) 今いる場所で座らせる

運動のやり方、ルール等で伝え忘れたことがあった場合や、簡単な内容を教師から一方的に伝えることがある場合、運動の細かい部分まで見せる意図がない場面等に用います。集散の時間を省いて活動時間を確保するためにその場で座らせます。

①ボール運動の方法、ルールの確認

また、ボール運動の単元はじめのゲームで、方法やルールの確認をする場合にもその場で座らせることがあります。お試しゲームを含めて二試合目、三試合目くらいで、**だいたい理解してきたが、まだ質問があるかもしれないというようなとき**です。体育室を一つの学級で使っているときであれば、それほど声を大きくする必要もありません。屋外だと二コートくらいまででしょうか。大きなコートが三つになると、少し聞きにくくなるかもしれないと感じて真ん中のコートに集めることが多くなります。

新しいゲームを理解させる手順については一〇九ページで詳しく述べます。

②できるようになった子の紹介

マット運動や跳び箱運動では体育館の半分程度、一般的な体育館よりも狭い本校の体育室だとフロアいっぱいに場が広がることがあります。このような場で学習しているときには、**運動観察ではなく、できるようになった子の紹介**等の場合、その場で座らせて仲間の運動を見せることがあります。

マット運動の翻転系の技や跳び箱運動は、助走を含めて大きな動きになるということも、その場で座らせる理由です。**少し離れていても運動の全体像はよく見えて、子ども個々のイメージづくりには役立っている**と考えています。

③用意ができたら座る

いくつかのコートでボール運動のゲームをする場合、ポジションについて用意ができたら座るという方法をとっています。

早くゲームが始めたくてそわそわしている子どもたちは、話を聞く体勢にはなりにくいのが普通です。ボールを持つと、それを投げたり、突いたり、蹴ったりしたくもなります。そこで、ボールを渡さずに用意させ、用意ができたコートにボールを渡してやります。そして、座らせたまま、簡単な確認事項、めあて等を伝えてゲームを開始します。

「Aコート準備OK!」「Bコートもできたぞー」と声をかけると意識付けになります。子ども同士でも用意ができたコート、できていないコートがはっきり分かり、声をかけ合うようになります。

授業マネジメントとしても有効な方法だと思っています。

以上のように、基本的には運動観察、議論、指示、確認等は集めて座らせて行います。集中力が高く、指示が行き届きやすい集団の場合には⑵の①②のようなときに、その場で座らせて伝えるということもあります。全員がこちらを見て集中している、ざわついた雰囲気がないと感じる場合です。

(3) 教師も姿勢を低くする

子どもの心情に訴えたい場合、しっかりと伝えたい場合、子どもの意見を引き出して議論したい場合等は、教師もしゃがんで姿勢を低くし、子どもと目線の位置を近くするようにします。目線の高さを近付けることで、大人の高圧的な〝上から目線〟を解消できるのではないかと感じています。母親が小さい子と話すのと同じ感じでしょうか。

心情的には近付いてやりとりができるのですが、後ろの子の顔はやや見えにくくなるので全体に注意を払うように心がけます。

4 ▼ 運動の手順、ポイントを理解させる（口伴奏）

主に低学年に運動の手順やポイントを理解・確認させたいときに用います。確認すること、運動のポイント等を唱えさせながら運動や準備動作をさせます。リズムをとるだけではないので、厳密に言うと〝伴奏〟ではないものもあります。

(1) 『馬跳び』

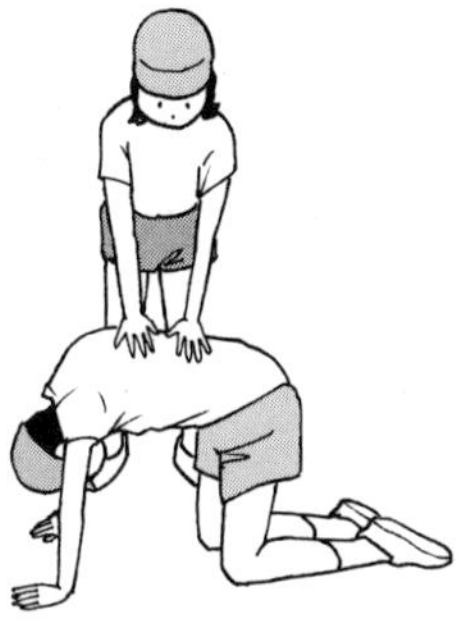

1点の馬「ぎゅっ、ぎゅっ」

がっちりと安定した、安全な馬をつくるための口伴奏です。一年生は全員が一点の馬から始めますので、同じ口伴奏で確認しながら進めます。教師が大きな声で唱えた後、子どもたちがそれを繰り返しながらポイントを確認していきます。

①「膝をついて」

一点の馬は膝を床について、一番低い姿勢の馬になります。

②「お尻を上げて」

膝をついてお尻を低くすると、背中が大きく傾斜した姿勢になってしまいます。膝を腰の真下に位置させて、膝、股関節が直角になるようにします。

③「肘を伸ばして」

肘を曲げていると力が入りにくく、馬に体重をかけたときに沈みやすくなります。肘を突っ張って力を入れます。また、肩の真下で床に手をつき、脇も直角にします。

④「頭を入れて」

顎を引いて頭を両腕の間に入れるイメージです。こうしないと、開いて跳び越そうとした脚が頭に引っかかってしまいます。「馬の子が頭を蹴とばされたら馬が悪いんだよ」と伝えます。

⑤「ぎゅっ、ぎゅっ」

馬の背中を上から押して頑丈さを確かめます。体重をかけてもつぶれないことを確認すると同時に、このくらい馬を押して、体重をかけて向こう側に体を運ぶ感覚をつかませます。馬の子にも、このくらい押されたら、相手の子の馬跳びが上手にできている証拠と認

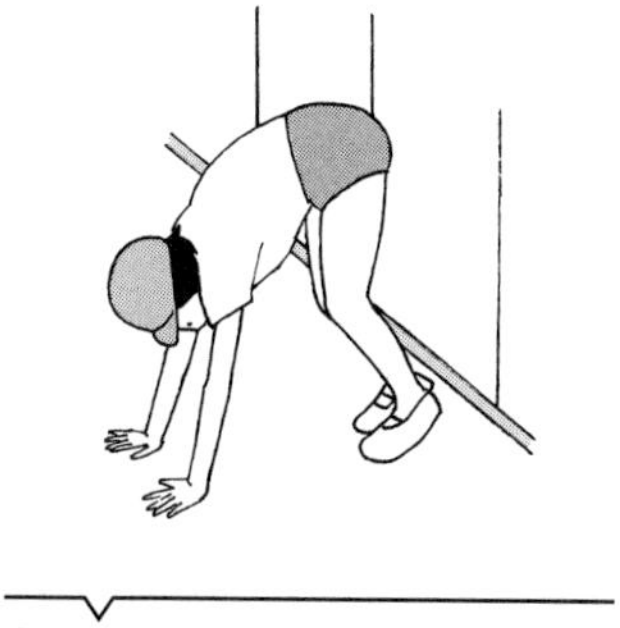
①

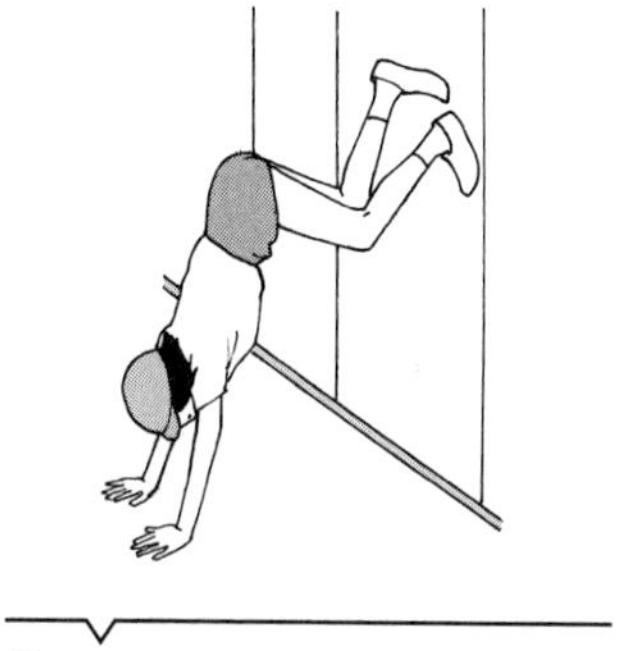
②

識させます。

(2) 『よじのぼり』

手を床についてから、かべを足でよじのぼる逆立ちです。これも①は教師に続いて復唱させます。②は教師と子ども一緒に唱えて足を上げていきます。

まずは背中をかべに向けて立ちます。平らなかべや扉が適当です。窓や掲示物がなく、近くに金具等がない面を選びます。

①「手をついて」

低学年でかべから八〇センチ程度の位置に手をつきます。かべから遠すぎると足がずり落ちやすくなり、近すぎると逆さに近い姿勢になって、バランスを取ることと、両腕で支えることが大変になります。

②「よじよじよじよじ　よじのぼりーー」

全員で唱えます。この間に足でかべをよじのぼって、③のイラストの斜めの逆立ち姿勢になります。このまま肘を突っ張って体を支えて一〇秒間姿勢を保持します。一〇秒のカウントも全員で大きな声で数えさせます。

③

(3)『だんごむし逆立ち』

これも主に運動の手順を理解、確認させるための口伴奏です。教師の言葉を復唱させることで、理解、確認を促します。

①「頭をついて」

かべの近くに頭をつきます。頭頂でもなく、額でもなく、髪の生え際付近が適当です。

②「三角オッケー？」

マットについた頭と両手が一直線に近い位置にならないように、班の仲間で見て修正します。逆さに近い姿勢になると本人には認識できないことが多いので、班の仲間が手を持

①

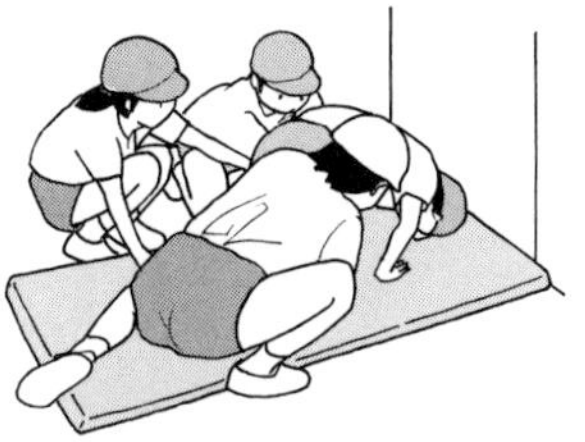

②

って修正してやります。

③「お尻を上げて」

歩くようにして足の位置を前方に寄せます。これによりお尻を高く上げて、ほぼ逆さまに近い姿勢にしておきます。

こうすれば踏み切るのに大きな力は必要ありません。

④「どうぞー」

これは教師だけが言う合図です。強く踏み切るイメージではないので、それに合う口調で「どうぞー」と声をかけます。

だんごむしのように体を縮めたままの姿勢を一〇秒間保持します。見ている子、全員でカウントします。

これが初めてマットの上で真っ逆さまになる運動になります。体を伸ばすと逆さまになるのに大きな力が必要になります。体を縮めて、踏み切る前に逆さまに

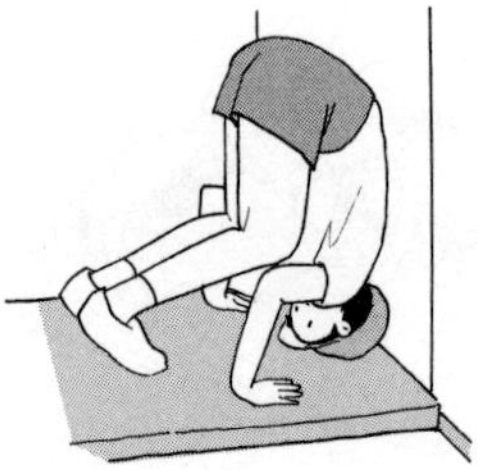

③

④

近い姿勢にさせることで、真っ逆さまになるのを易しくしています。

(4)『大の字回り』

側転の下位教材で、川わたり（四八ページ）と側転の間に入る教材です。体全体で漢字の「大」の文字をつくって回転するので**『大の字回り』**と呼んでいます。

口伴奏は、横方向に回転するための予備動作である重心の移動をリズミカルに行うことを助けるために行います。

①「ぎーこぉ、ぎーこぉ」

川わたりで理解、確認した先につく手をマットに向けて大の字で構えます。

一回の「ぎーこぉ」で体を「マット側－反対側」と振動させて、重心を移動させます。

②「それー！」

目線をマットに向けて、腕支持で横方向に回転します。手ー手ー足ー足の順でついて回転します。

体の向き（先につく手）が反対、目線がマットから外れる等がつまずきとなるので、うまく回れない子、転倒する子等は教師が見取って補助してやります。

5 新しいゲームの方法・ルールを理解させる

ボール運動の教材化されたゲームを理解させる方法・手順です。

教材化されたゲームは、ローカルルールがその大半を占めます。競技スポーツを教材化したものでも、その競技スポーツのイメージをもっていない子どももいます。このようなゲームを理解させるのに以下のような手順をとっています。

---

❶方法やルール等を資料や説明で伝える
❷質問を受ける（やってみないと、何を質問してよいか分からないことが大半）
❸お手本ゲームを全員に見せて、出現したいろいろなケースについて解説する
❹再度質問を受け、それに答える
❺お試しゲームをやってみる
❻やってみて、分からないことや疑問点を出させる
❼それに答えると同時に、教師も想定外のケースは話し合って決めていく

ゲームや運動の方法を理解させるには、❸のお手本ゲームをさせて視覚的に理解させる

のが効果的です。お手本ゲームをする子どもたちも理解しているわけではないので、反則や得点の度にゲームを止めて解説することになります。見せたいケースが出現しない場合は、指示してその場面をつくることもあります。それを見てやっと少しゲームのイメージがつかめてきて、質問が出てきます。

❺のお試しゲームもスムーズには進みません。お手本ゲームには出てこなかったケースもありますし、教師も想定していなかったケースも出てきます。それについて❻❼で解決していきます。

新しいゲームの一回目（一時間に二教材を扱う授業スタイルでは二〇〜二五分）はこれで時間切れになります。二回目以降試合を進めますが、まだ全員が完全に理解し、イメージをもってスムーズに動ける段階にはなっていません。そこでハーフタイムや試合の合間に、前述した「今いる場所で座らせて確認する方法」をとることになります。

一時間に二教材を組み合わせた一回が二〇分程度の授業スタイルで、三回目くらいまででゲームを理解させていきます。子どもたちは早くゲームがしたい、体を動かしたいと思っていますので、一時間（四五分）をオリエンテーションに充てるよりも**子どもの欲求に合っていて、子どもが主体的に取り組める方法**だと考えています。

6 思考場面をつくる

「主体的・対話的で深い学び」と深くかかわる場面と言えます。

思考を通して発見したことは、自分の腑に落ちた知識、課題となります。運動のポイントがあらかじめ学習カードに書かれていたり、「今日のめあては○○です」と教師から伝えられるよりは、自分に必要な、今の自分に合った知識や課題として受け止めることができます。思考を通してつかんだ課題ならば、主体的に取り組み、課題達成に向かって深く考えながら取り組む可能性が高まります。

また、思考の場面で仲間の運動を観察すること、仲間の考えを聞いて考えたり、議論したりすることは、まさに対話的に学ぶことになると言えます。

以上のように、体育授業の「主体的・対話的で深い学び」具体化のポイントは思考だと考えています。

ただし、体育が他教科（主に、国語、社会、算数、理科）と違うのは、思考させること、知識を得ることが、教科の主たるねらいではないということです。運動感覚を高めること、運動技能習得を主軸として、考えたり、仲間とかかわったりして学びを深めていくことが肝要です。運動する、仲間の運動を見る、手伝う、伝えるといった運動を伴う学習を最大限確保しなければなりません。

思考や言語活動、現在注目を集めているＩＣＴ活用等も含めて、これらに時間をかけすぎて活動量（単なる運動量ではなく、自他の運動を伴った学習）が大きく削られたのでは体育授業として本末転倒になってしまいます。

思考させる時間を短くして活動量のバランスをとるには、思考させるポイント、運動観察をさせるポイントを絞ることが大切です。そのためには、次のようなことが必要になってきます。

○教師が教材研究をして、運動のポイントを理解しておくこと
○さらに、いくつかあるポイントを、どのような順で提示していくかを考えておくこと
○共通のポイントで学習が進められるように、必要な運動感覚・技能を習得させておくこと（例えば、水に顔がつけられない子が多数いる学級集団で、クロールを長く泳ぐためのポイントを共通課題にはしにくい）

運動観察場面で、視点を絞らずに運動全体を見せて「どこがいい?」と発問すれば、子どもたちは当然それぞれの視点で答えます。それを「そうだね、よく気が付いたね」と評価して、いくつかのポイントを並列させて扱うのも一つの方法かもしれませんが、絞られた共通のポイントを認識して学習を進めた方が、仲間同士で対話的に学びを進める授業は進めやすくなります。

Ⅰ章、Ⅲ章でも子どもに運動観察や思考させる場面について触れています。ここでは視覚的に分かりやすい例を三つ挙げておきます。

(1) 開脚跳びの着手位置を理解させる(中学年)

開脚跳びで、跳び箱の奥に両手を揃えて手をついて余裕をもって跳べている子、または教師がお手本をします。着手位置が悪い(跳び箱の手前につく)見本は手首を痛める危険があるので、子どもも教師もしません。

「跳び箱のどこに手をつくか見ていてね」と観察の視点を示しておきます。跳び箱の頭を三等分した一番奥三分の一に着手できていればよいでしょう。

「どこについていましたか?」の発問で「跳び箱の前(遠く)」という回答が得られれば

跳び箱の遠くに着手

十分です。「そうだね。ここまで遠くに手をつければ、馬跳びと同じように跳び越せるはずだよ」また、「ここまで手が届けば先生がお手伝いできるからね」と**お手伝いで跳び越すためにも自分が頑張らなければいけない**ことを認識させます。また、「余裕のある子は、跳び箱の向こう側の角（実際はかなり丸くしてありますが）に指先がかかるくらいにつけると楽に越えられるね」とアドバイスするのもよいでしょう。

これに加えて、両手を揃えてつくことも理解させます。もう一度お手本を観察させてもよいですし、活動時間を多くしたい場合は話すだけでもよいでしょう。「両手を揃えない子、手前（後ろ）になった方の手首を痛くすることがあるから、両手を揃えて遠くにつきましょう」と指示します。

(2) 長なわ8の字跳び（かぶり回し）の踏み切り位置、着地位置を理解させる（低・中学年）

なわに入るタイミングが遅れる子は跳ぶ位置が手前になりがちです。入るタイミングについては、長なわ跳びに取り組み始めたときから理解させて繰り返し練習してきています。8の字跳びに入って二〜三回目の頃に、**どこで跳んで着地すれば合理的かを**考えさせるとよいでしょう。

なわ回しが上手な子二人になわ回しをさせます。観察する子たちから見てかぶり回し（上からなわが近付いてくる回し方）で回させます。

「どこでなわが床についてる？」と問えば「二人の真ん中」と答えるでしょう。

「じゃあ、どこで跳べば引っかかりにくい？」という問いにも「真ん中」と答えます。簡単な問いですが、意識しないとかなり手前で跳んで、引っかかる子がいるのも事実です。そこで、「床のラインが交差しているところをなわ回しの真ん中にして、跳ぶ位置を見合おうね」と指示して活動に入らせます。また、「余裕のある子は、できたら奥のなわ回しの子に少し近付くと抜けやすいし、次の子も入りやすくなるよ」とアドバイスするのも効果的です。

このとき「奥のなわ回しの子に少し近付く」というのが、着地点のポイントにもなります。奥に着地するのが真ん中から回し手に近付く方向ならよいのですが、回し手を結ぶラインから遠ざかる方向に着地してしまうと、かぶり回しのなわが自分を追いかけてくることになります。跳ぶことはできても、なわから抜けるときに引っかかる要因にもなります。教師が大げさにやって見せて、失敗例として考えさせてもよいでしょう。

反対回し（むかえ回し）はなわが下から向かってくるので、この着地が合理的な運動となります。

(3) 走り高跳びの脚の上げ方を理解させる（高学年）

はさみ跳びの動きがほぼ習得できたら、脚とお尻の位置関係を観察させます。

脚がお尻よりも上がっている子をお手本にします。観察する子たちには、**「脚とお尻の位置、高さを見てね」**と指示します。できる子にとってはそれほど複雑な動きではないこと、高学年になって体の操作能力も上がってきていることから、その視点をお手本の子に伝えてもよいでしょう。他で述べているようにお手本の子には内緒にするのもアリです。

運動観察の後、「お尻と脚、どっちが高かった?」と問うと、「脚」という回答が出てきます。「お尻が引っかかったらジャンプが足りないということだからしょうがないけど、脚だったらもったいないよね。脚をお尻より高く上げる練習をしよう」と課題設定します。

具体的には、スタート位置から見て、奥側を〈最高記録ー一〇センチ〉手前側を〈最高記録ー三〇センチ〉に設定してゴムを張ります。少し余裕をもって跳べる高さです。これをはさみ跳びで何回か跳び越すことで脚を上げる動きに慣れていきます。

記録に個人差があるのは当然なので、なんとか跳躍した分だけは越えさせたいものです。

走り高跳び脚を上げる

走り高跳びで、お尻より高く脚を上げる

Chapter opening page 3

体育授業に大切な３つの力

Ⅰ　子どもの活動・運動を見取る力

Ⅱ　伝え、理解させる力

▼

Ⅲ　教材化する力

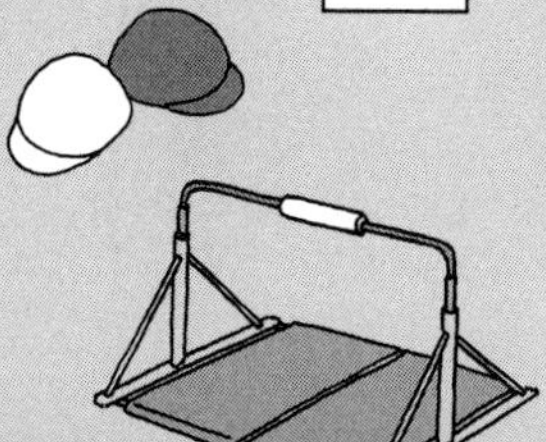

スポーツ種目、完成された運動や技を子どもが取り組みやすいように、身に付けさせたい学習内容（知識や感覚・技能、思考力、学びに向かう力）が**身に付きやすいように加工することを体育では〝教材化〟と言います。**

運動場いっぱいのコートで、一一人対一一人のサッカーをやっても、あるいは、初めてのバスケットボールの学習で五人対五人でオールコート（ゴールが二つ）のゲームをしても、一部の得意な子たちが活躍するだけでゲームが進行してしまいます。苦手な子はボールに触れることもできません。もしチャンスが巡ってきてシュートしても、全く入らないという技能の実態では楽しくありません。感覚・技能が高まる機会も少ないまま単元が進んでしまいます。授業が楽しくなければ、今後その教材の元となったスポーツに取り組もうとする意欲も、体育授業そのものへの意欲も高まる可能性は低いでしょう。ゴール型ボール運動で身に付けさせたい知識も、子どもには入っていかない授業になってしまいます。

器械運動にしても同じです。

「逆上がりをしてみましょう」「跳び箱を開脚跳びで跳び越えてみましょう」といきなりやらせても、運動の苦手な子はできないことの繰り返しに終始してしまいます。まずは、課題とする運動・技ができるようになるための運動感覚や技能が高まるような簡単な運動

（下位教材）を十分に経験させなければなりません。

体育の授業はできる・できないがはっきりすることが多く、それがいつも学級の仲間全員に見えてしまいます。できないことを見せ続けなければならない子は、やがて運動が嫌いになってしまうでしょう。体育の授業で運動嫌いをつくってしまうことになるのです。

すべての子どもの運動感覚・技能が高まり、運動に関する知識が身に付くように、仲間と取り組む運動が楽しめるように、我々教師は運動・スポーツを教材化することを考えていかなければなりません。

運動感覚・技能が高まることを主軸に、知識が身に付くこと、思考力を高めること、仲間と協力することを体験的に学んでいけるように授業を仕組めれば、新学習指導要領で目指すべき学びの様相とされている「主体的・対話的で深い学び」も十分に具現化されます。その学びを通して身に付けたい資質・能力の三つの柱「知識及び技能」「思考力、判断力、表現力等」「学びに向かう力、人間性等」も高めていくことができるでしょう。

本章では、以上のように運動・スポーツを教材化する視点や考え方を、私なりに例を挙げて述べていきます。

1 教材化の条件

(1) 単純に、簡単・手軽に

子どもに身に付けさせたい感覚や技能を考えていくうちに、あれもこれもと内容てんこ盛りの教材になってしまうことがあります。特に、研究授業の教材は要注意です。運動の方法も、学習の場も複雑で、子どもがそれを理解するまでに時間がかかりすぎる、毎回の準備も時間がかかる。これでは教師側のねらいも達成できないまま単元が進んでいってしまいます。

考えて考えて、ねらいを絞って単純に。
工夫して工夫して、学習の場や方法をより簡単・手軽に。

この視点をもたないと、毎回の授業で成果が上がる教材にはなりません。研究授業の場合、公開授業当日までに成果を上げるために、単元計画にはないウラの授業をナイショで展開する等ということにもなりかねません。実は体育に限らず学校現場ではよく聞く話ですが、これを黙認していたのでは、そもそも「研究」になりません。苦労しても日常の授業に生きる研究にならないのです。

研究授業の教材ほどてんこ盛りになりがちです。気を付けたいものです。

(2) 楽しく運動

新学習指導要領のキーワードとなっている「主体的・対話的で深い学び」の「主体的」や、「資質・能力の三つの柱」の中の「学びに向かう力、人間性等」とかかわってくる視点と言えます。楽しく運動して力が付いていけば、こんなによいことはありません。運動好きになって、体育学習に前向きな子どもが育っていくことになります。

そのための教材化・教材づくりには、以下のような配慮が必要です。

重要な運動感覚・技能を身に付ける運動・動きでも、**単純な繰り返しでのトレーニング的な扱いは、小学校の体育授業にはふさわしくありません。**ゲームや競争になるように加工して、いつのまにか何度も繰り返して、感覚・技能が身に付いているというようにしたいものです。運動にジャンケンを組み合わせるのも、単純な運動の繰り返しには有効です。子どもは勝負に夢中になっている、ジャンケンが楽しい。そのとき、教師は運動の繰り返しによる感覚づくりをねらっているというわけです。

また、子どもが自分や自分の所属するグループ、学級全体が伸びていると実感できる数値を用いるのもよい手法です。この辺りは拙著『体育授業が得意になる9つの方法』（東洋館出版社）に詳しく述べています。参考にしていただければ幸いです。

(3)　子ども同士のかかわりが生まれる

もう一つ考えたい視点が、子ども同士のかかわりです。これは「対話的」や、(2)と同じ「学びに向かう力、人間性等」にかかわる視点と言えます。仲間とかかわって楽しく運動学習を進めることは「人間性」の涵《かん》養に大きく寄与します。(2)で述べた競争やジャンケンを含むゲームは、子ども同士がかかわって楽しく運動を繰り返すことがねらいの〝教材化〟とも言えます。

またこれも(2)で触れていますが、個別の数値を計測、継続的に記録していく場合でも、グループの合計や学級の合計を計算することで、自分の伸びにプラスして、グループ、学級という、自分を含めた仲間の伸びにも目を向けることができます。もし自分が伸びていなくても、仲間が伸びている、学級全体として伸びているということに気付けば運動学習

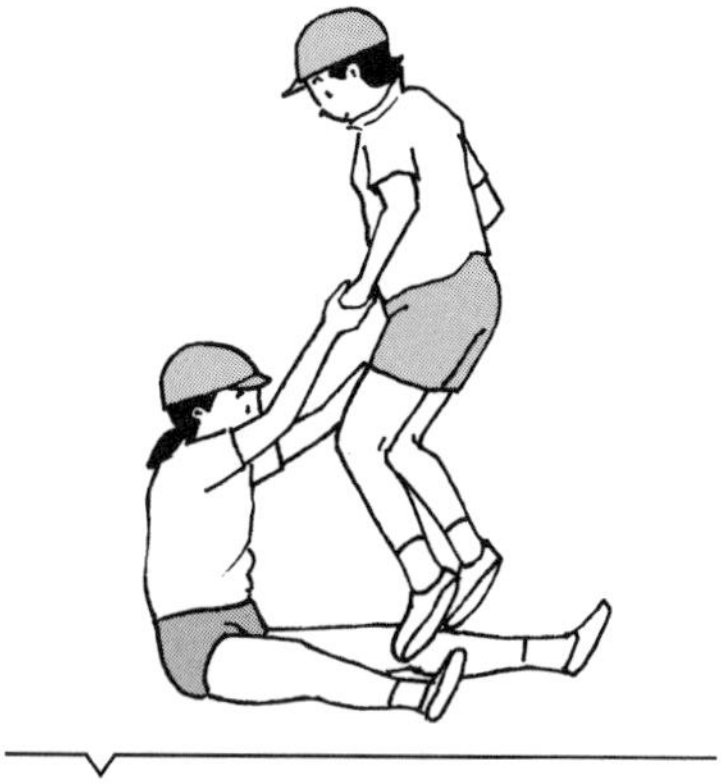
グーパー跳び

への動機付けとなるでしょう。「僕も回数を伸ばして貢献したい」「私も頑張らなくちゃ」と思うかもしれません。

私は『二人組の運動』という教材の中で、**『三〇秒馬跳び』『三〇秒グーパー跳び』『三〇秒ブリッジくぐり』**というような運動を年間何回か行っています。低学年ほど実施回数は多くなります。

そもそも**二人組の運動ですから、相手がいないと運動が成立しません。運動そのものに仲間とのかかわりが内包されています。馬跳び、グーパー跳びには相手の体に触れるかかわりも含まれています。**

この教材では、（自分）＋（友だち）＝（合計）という計算をさせています。この計算で二人組（この二人組は原則的に一年間固定）の記録を確認させます。ノートには一〜三年間の運動の記録が残してありますので、「前回は〇月〇日だった」と知らせ、比較させます。

また、学級毎に二人の合計記録の目標を示し、次ページのイラストのように板書して、前回の達成組数を知らせておきます。この数が増えれば学級として力が付いている、高まっていることになります。

奇数人数の学級で三人組ができる場合には、二人組の一・五倍を三人組の目標として示します。

以上は記録を合計する方法ではありませんが、自分、二人組、学級全体の伸びを知る有効な手段となります。

ブリッジくぐり

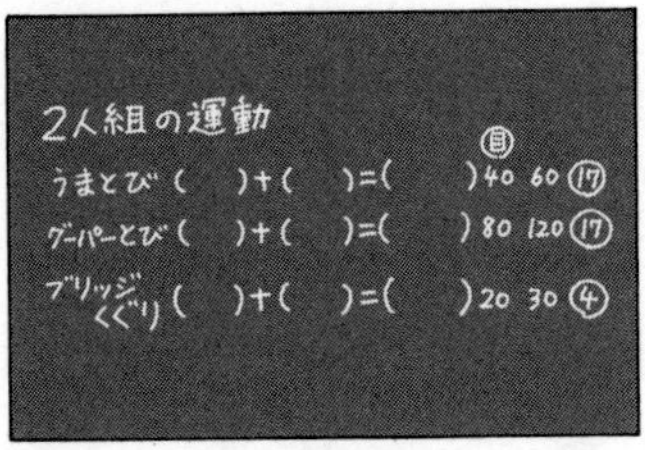

板書

短なわ跳びの学習は、三年生くらいまではカードを配っての個別学習にはしません。共通学習課題で子ども同士がかかわりをもてるようにしていきます。逆説的な言い方をすると、

わたしの先生

共通学習課題でなければかかわりはもたせられないのです。『わたしの先生』と呼んでいる教材を紹介します。

例えば、あやとびを課題にしたとします。

「一〇回跳べた子は先生に見せて合格したら、子ども先生になって友だちに教えてやったり、友だちが跳ぶのをを見て数えてやったりしてね」と指示します。あやとびは、腕をクロスさせたままなわを跳んだかどうかが本人には分かりにくい運動でもあるので、**仲間や教師が見てやる意味も大きいのです。**

そこで合格したら、〝子ども先生と生徒〟が一緒に教師のところに来て、再度あやとび一〇回に挑戦します。子ども先生、教師と二連続で成功させれば、技能的にも定着が進んでいると評価してよいでしょう。合格したら、本人と子ども先生双方を褒めて、活動への意欲をさらに高めるようにします。

また、体育ならではのかかわりと言えるのが、「仲間の体に触れて補助をする〝お手伝い〟」です。他の教科・領域でのコミュニケーションは、言語が主となります。体育でも言葉によるコミュニケーションは大事ですが、それ以上にお手伝いを重要に考えています。

仲間のためにお手伝いしていると、その子が上手になった、できるようになったときには、自分のことのように喜んで報告してくれます。

一年生の初期は、仲間の運動を見る、応援する、数えるということから始め、かべを使っての「とんとん逆上がり」のお手伝いからスタートさせます。本人がかべを蹴ったり、足で押さえたりしているので、お手伝いは体重の一部を支えるだけで済みます。子ども二人でお手伝いすれば十分にお手伝いできます。

とんとん逆上がりお手伝い

本章3―(1)（一八五ページ）で取り上げている『**かべ逆立ち**』『**だるま回り**』や『**ハンドスプリング**』『**膝かけ後ろ回り**』等もお手伝いしやすい運動です。

(4) 思考場面が設定できる

「深い学び」「思考力、判断力、表現力等」にかかわる視点です。Ⅱ章でも運動のポイントや課題を理解させるために思考場面を設定することを推奨しています。

ここでは、思考させるには教材化することだけでなく、教材を経験させる順番も大きく関係するという例を紹介します。

かかえ込み回り（本校の呼び名は『**だるま回り**』）で**回転するためには、伸ばした脚をタイミングよく曲げることが必要です。**もう一つのポイントは、**回転軸の固定**です。この二点に絞って運動を観察させることで、ポイントの理解が容易にできます。これもよい教材と言える条件の一つです。

「タイミングよく」というのは、具体的には、重い上半身・頭が真上に上がってくるタイミング（次ページイラストの③）です。連続回転では頭が真上に上がったら再度膝を伸ばし、一回目と同じタイミングで曲げるのです。本人の感覚としては、曲げた膝をもう一

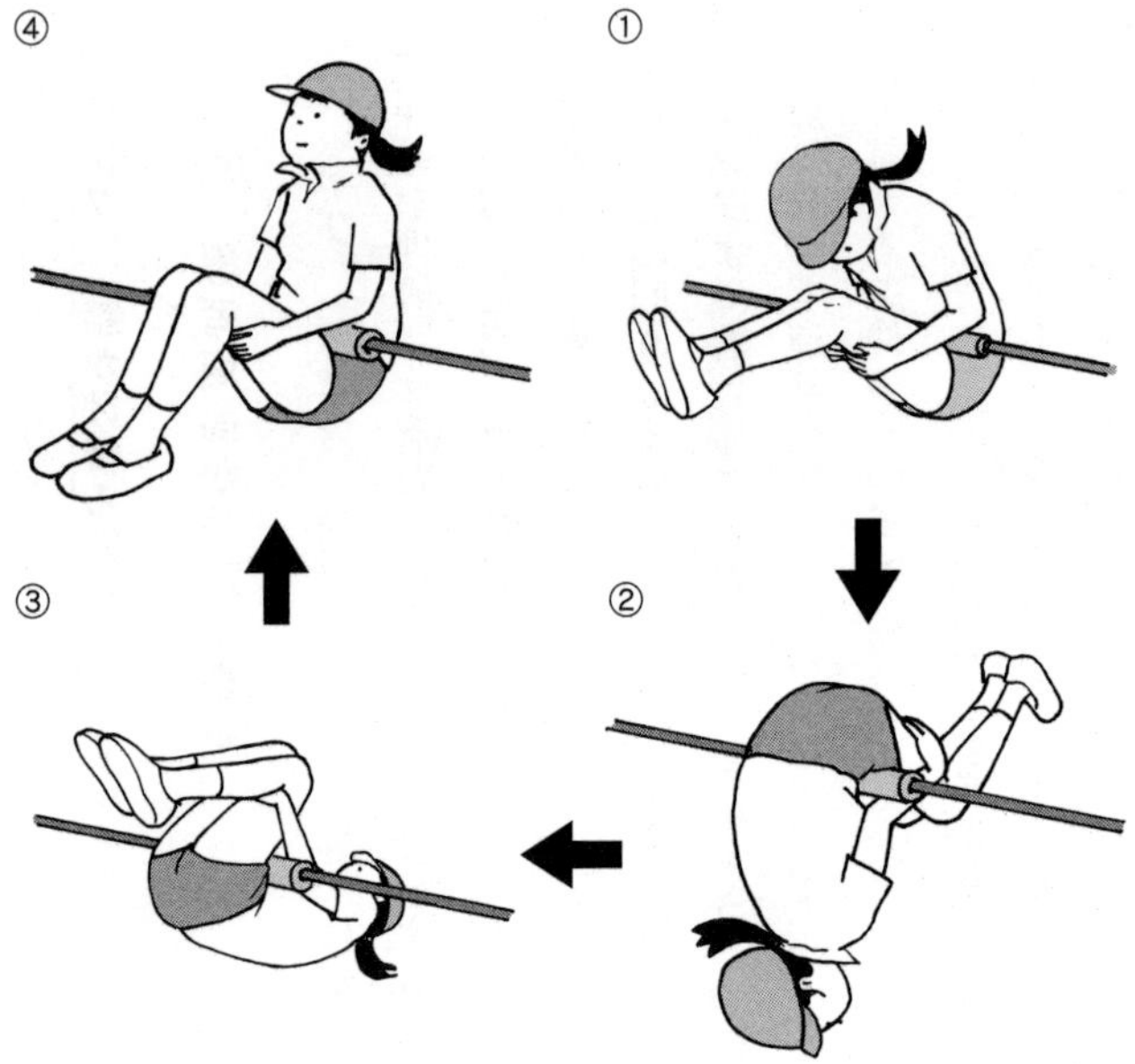

連続イラスト　前だるま

度伸ばすことを意識した方が効果的なようです。上手に回れる子の運動を観察し、そのポイントを理解したら再挑戦です。

かかえ込み回りの後ろ回転も同じ運動ポイントで学習を進めることができます。

頭が真上に上がってくるタイミング（イラスト④）で膝を深く曲げることがポイントとなるのですが、本人の感覚としては、前回りとは違うタイ

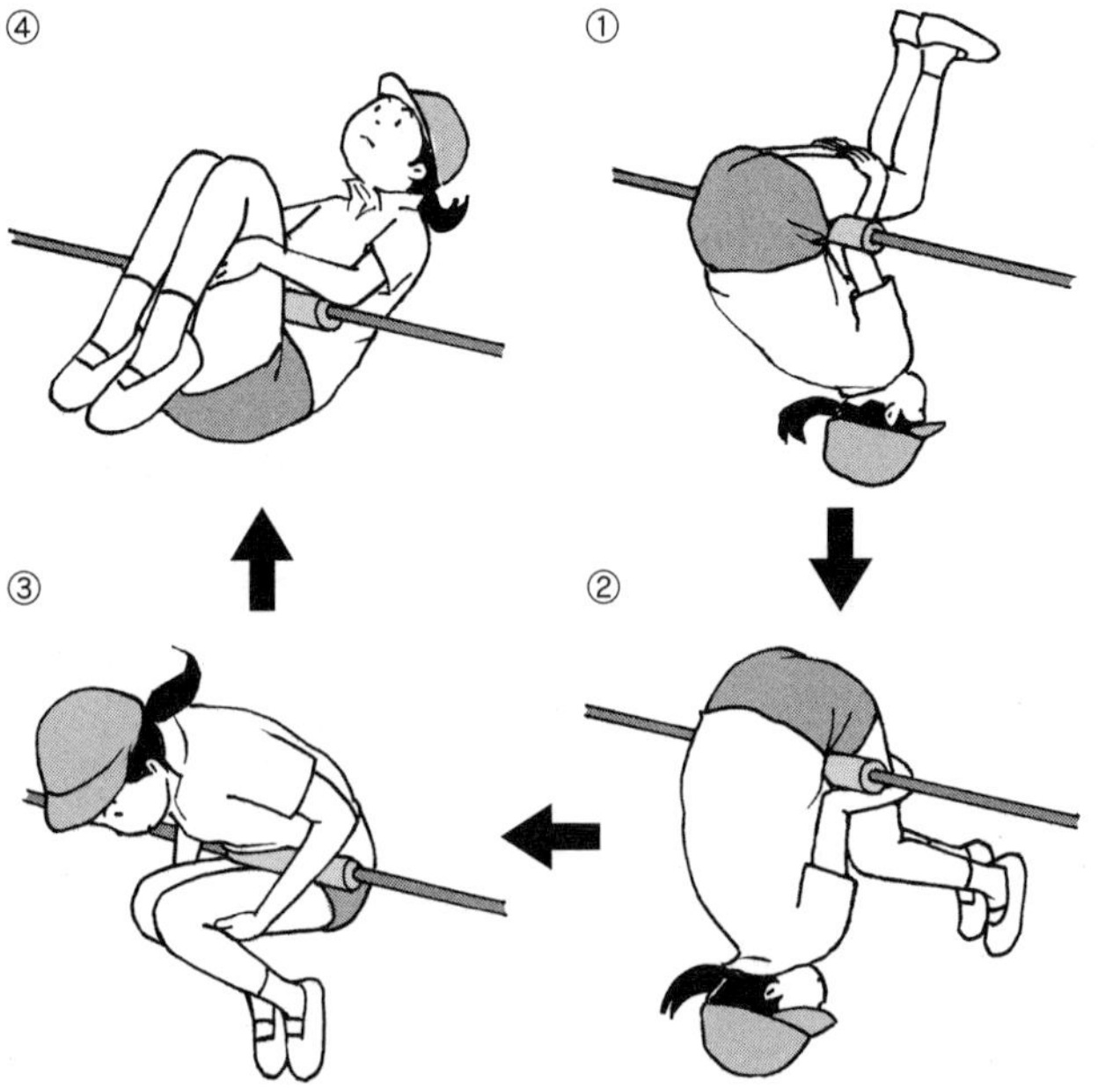

連続イラスト　後ろだるま

ミングなので戸惑う子が出てきます。

この場合、運動観察をしてポイントを知的に理解した後、膝を曲げるタイミングを教えるお手伝いが有効です。**「いま！」とか、「曲げろ！」とかいう、言葉でのお手伝い**で、タイミングをつかませていきます。前回りも同様です。

これは、回転運動中に、その回転半径を小さくすると回転の角速度が上が

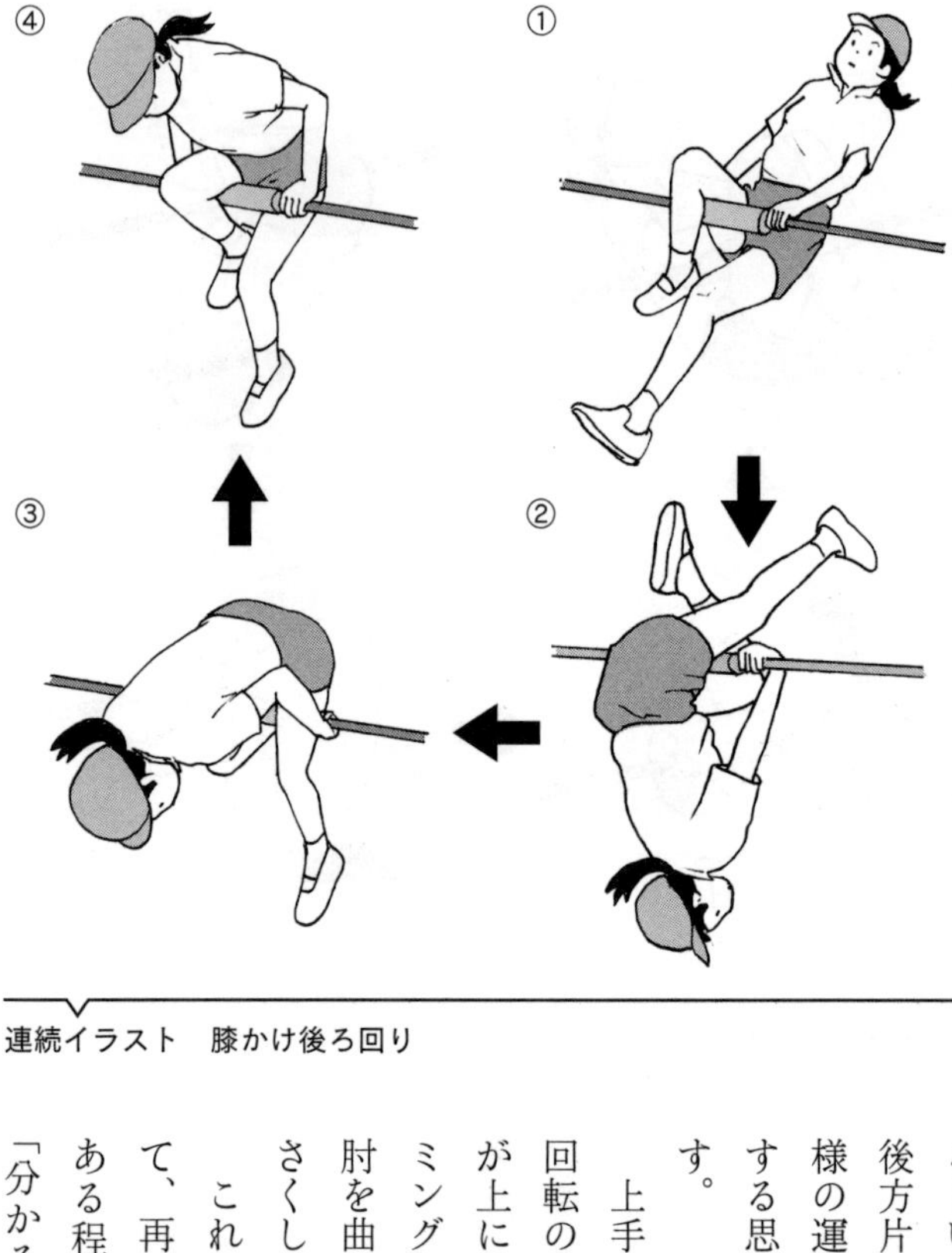

連続イラスト　膝かけ後ろ回り

るという物理的な現象で、後方片膝かけ回転でも同様の運動ポイントを発見する思考場面がつくれます。

上手に回れている子は、回転の後半、上半身・頭が上に上がってくるタイミング（イラスト③）で肘を曲げて回転半径を小さくしています。

これを観察、理解させて、再度練習させます。ある程度、「できる」と「分かる」がつながったところで、「今までの鉄棒の技と似たところないかな」と発問して、**「だるま回りの膝を曲げるタイミングと似ている（同じ）」**というような回答が出てくれれば、既習を生かした思考が大変よくできるようになっていると評価してよいでしょう。もし、子どもから出なくても、教師が「大きな回転を小さくして重い頭を上に上げているよね」「頭が上がってくるタイミングで、膝を曲げたり、肘を曲げたりして回転を小さくしているよね」と共通する部分を解説して、納得できれば十分だと言えます。

このように、**運動や学習のポイントが明確で似ている教材を順序よく学習させる**ことで、既習を生かした思考場面を設定することができます。

『小学校学習指導要領解説　体育編』に掲載されている例示を単に網羅するだけのような年間指導計画は、避けた方がよいと言えます。

2 何を学ばせたいか

教材には、何を身に付けさせたいかというねらいがあります。新学習指導要領のキーワード「資質・能力」がこれに当たります。各教科等で育成を目指す「資質・能力」です。体育科の学習内容を今一度、現場主導で整理してみる必要があるでしょう。身に付けさせたい運動感覚・技能、知識、考えさせたいことを明確にすると、それが教材づくりの視点にもなります。

ただし、教材をイチから考え出すのは大変な苦労です。先輩や参考図書、公開研究会の授業から、効果の高いと思われる教材を真似てみて、「こういう感覚・技能が高まるのか」と教材の効果を実感し、「この感覚を身に付けさせたいから、ここを少し変えてみようかな」「自分の授業にはもっと単純、簡単な運動の方がよい」と工夫が始まるのが第一歩でしょう。

多くの教科を担当することを基本とする小学校教師は、みなさんとても多忙です。「学ぶ」は「真似ぶ」とも言います。ためらわずに真似から始めることをおすすめします。

また、「この運動（遊び）面白そう。授業に取り入れられないかな」という発想から教材になっていくこともあります。授業で扱ってみて「こんなことが学習内容として身に付く、考えられる」と教材として育っていくこともあります。長なわ跳び等はその典型と言えます。あまり堅苦しく考えずに取り組んでみるのがよいかもしれません。

話を戻します。身に付けさせたい学習内容をてんこ盛りにしないという注意点は既に述べました。学習内容を絞って単純に。学習の場や用具も簡単・手軽な教材を目指すとよい教材になる可能性が高まります。

(1) ボール運動の学習内容を簡単に

新しい『小学校学習指導要領解説　体育編』では、高学年のボールゲーム領域の解説に「簡易化されたゲーム」という表現があり、これが「教材化されたゲーム」に当たります。以下、新『小学校学習指導要領解説　体育編』一三九ページからの引用です。

簡易化されたゲームとは、ルールや形式が一般化されたゲームを児童の発達の段階を踏まえ、実態に応じたボール操作で行うことができ、プレイヤーの人数（プレイヤーの人数を少なくしたり、攻撃側のプレイヤーの人数が守備側のプレイヤーの人数を上回るようにすること）、コートの広さ（奥行きや横幅など）、ネットの高さ、塁間の距離、プレイ上の制限（攻撃や守備のプレイ空間、触球方法など）、ボールその他の運動用具や設備など修正し、児童が取り組みやすいように工夫したゲームをいう。

中学年のゲーム領域では、九六ページで「易しいゲーム」という表現でほぼ同様の解説がされています。

ボール運動は、「ゴール型」「ネット型」「ベースボール型」と三つの型で表記されています。同じ型のゲームには共通した学習内容があり、種目が変わってもほぼ同じ学習内容の習得を目指して授業することになります。「資質・能力の三つの柱」の文言で言えば、ゲームに必要な「知識」はあまり変えることなく、必要な「技能」を少しずつ高度にしたゲームで「思考力、判断力、表現力等」を高めていくということになります。

ここで大切なのが、**それぞれの型の学習内容を高すぎるレベルで設定しないこと。**

競技スポーツのイメージで難しいことを子どもに要求してしまうと、多くの子どもができないまま過ごす時間が長くなります。学習内容を習得できないだけでなく、楽しくない授業が続くことになります。教材化された運動の授業でも、授業者が到達させたいゴールイメージが高いことが多いのがボール運動です。どうしてもテレビで見るような、ゲーム、選手の動きに近付けたい、そうしないと公開（参観に来る先生方の目）に耐えられないと考えてしまうのでしょうね。

高い目標を設定すると、単元が大きくなりすぎるという弊害も出ます。

研究授業の指導案には、「五年生・ボール運動△△型」の指導案で八〜一〇時間の単元計画というのをよく目にします。そして授業後の研究協議の中で、授業者から「まだ不十分なところがあるので、六年生で△△型を扱う際に補いたい」といったコメントを聞くことがあります。六年生で△△型の教材を何時間扱いとする予定なのかは分かりませんが、明らかに一つの型に時間をかけすぎです。三つの型に同じ時間をかけていたら、ボール運動で体育年間総時数の三分の一程度を占めてしまいます。時間を半分程度にして五年・六年両方で扱うのか、五年か六年どちらかで扱うことにするのか、ボール運動の時間数を少なくしていくのは全国の小学校の課題と言えます。

そのためには、「知識及び技能」「思考力、判断力、表現力等」を含めた学習内容をより簡単に、ねらいを絞ることが必要です。ボール運動の授業を成功させるための条件とも言えます。この工夫によって他領域とのバランスをとることも実現しやすくなります。

また、ボール運動の学習内容は、同じ型では学年をまたいで同じ内容を繰り返すことをおすすめします。低・中学年はゲーム領域となりますが、中学年から各型で学習内容を一貫することは可能だと考えています。

さらに簡単にするには、学習内容を攻撃方法の知識及び技能、思考に絞るのが得策です。ボール運動は、「ボール、味方、相手とゲーム中に意識しなければならないことが多く、そのすべてが動いている」「勝敗がかかっているため、子どもたちがやや興奮気味でゲームが進んでいく」こんな中ではボール運動が苦手な子どもほど動けなくなり、学習内容の習得が難しくなります。そこで、**「攻撃で得点するためにはどうしたらよいか」に焦点化**して、知識及び技能、思考の学習内容を習得できるように進めていきます。もちろんゲームの中では守備の場面も出てきますが、できる範囲で一生懸命動いていればよいと考えています。

単元を進めていく中でどうしても勝てないチームがある場合には、私がコーチとなって守備も含めたアドバイスをすることはあります。単元中に一勝はしてほしいからです。

繰り返しになりますが、攻撃時に得点するための知識を、学年を超えた一貫した内容として主に扱います。そのための技能は学年が進むにつれ精錬させていきます。同じ型でも、教材によって必要な技能が変わっていく場合もあります。ゴール型でフライングディスクを扱う場合、ベースボール型の教材が、キックベースからティーボールに変わった場合等がこれに当たります。

①ゴール型　ボールを前（相手ゴール）へ運ぶこと

ゴール型ゲームで「どこへボールを運びたいの？」と発問すると、低学年でも「前」「相手のゴール」という答えが返ってきます。ボールをパスで相手ゴールへ運ぶことが得点につながることを確認し、それを高学年までの一貫した学習内容とします。

研究者（大学）の先生方を中心に「ゴール型の主な学習内容はボールを持たないときの動き」という主張があり、学習指導要領にも記載されています。ゴール型のゲームの中でボールを持っている時間はほんのわずか。ほとんどがボールを持たない時間なのだから、そこを学習させた方がよい。これは競技スポーツのトッププレイヤーでも同じ。というのが主な論拠のようです。

それも一理あるのかもしれませんが、私はボールを持ったときの（持つための捕を含めて）技能や判断をより重視したいと考えています。小学生にはボール操作（主に投捕）にかかわった経験を多く積ませて、ボール操作の技能を上げることが第一だと主張したいのです。その上でのゲーム中の判断や、ボールを持たないときの動きの学習だろうと考えます。

ゲーム中、苦手な子がボールを持ったとき、技能の高い活発な子がその子の近くや後ろ側に移動して「パス！　パス！」と要求すると、その子に頼って思わずパスをしてしまうというのはよくあることです。ボールを持った本人の判断ではなく、自分の責任を軽くしたい、得意な子に頼りたいという思いからのプレイです。この場面でパスを受けた子には、当然ボールを持たないときの動きの指導が必要です。しかしそれ以上に、ボールを持ったときに、**パスかシュートか、パスはどの子にすればより得点の可能性が高くなるのか、**ということを考えてプレイできるようにしていきたいのです。そのためには**必要な技能や知識、判断力が簡単になるように教材化されたゲームを用いて、一貫した学習内容（ゲーム中の意識）で学習を進めることが有効**だと考えています。**その攻撃を成功裏に終わらせるためにも、投捕の技能が必要**なのです。

今の例で、ボールを持ったときの選択肢を「パスかシュート」としています。私は、バスケットボールのドリブルや、ボールを持って走ること（ランプレイ）ができるラグビータイプの種目は、授業の教材としてあまり採用しません。

ドリブルやランプレイを入れると、技能の高い子がボールを持ってドリブルやランで活躍する可能性が高くなります。休み時間の遊びなら問題ないのですが、授業でより重視すべきは技能的にあまり高くない子どもから、とても苦手な子どもたちまで。パスだけで前(相手ゴール)へボールを運ぶゲームにすることで、その子たちが実質的にゲームに参加する可能性が高くなります。これも教材化の大切な視点と言えます。

また、アメリカンフットボールタイプの種目は、小学校体育教材には向かないと考えています。

ボールを持たないときの動きを理解しやすい、ワンプレイ毎にゲームが止まるので作戦が確認できて戦術学習が進めやすいというのが推進する先生方の主張です。しかし、役割分担が明確すぎることが大きな短所となっています。ボールを投げる係(クォーターバック)は一人(これを交代制にすることも考えられますが)、あとはボールを受ける係(レシーバー)というのが一般的なゲームです。投力のある子が投げ、すばしこくてボールを捕るのが上手な子が受ける。他の子はおとり役。学習カードに書かれた「私がおとりになって相手を引き付けたので、○○君がボールをキャッチして味方が得点することができた」という感想を紹介して、ボール操作が苦手な子もゲームに参加できる教材であると主張する先生もいますが、これは間違っています。小学生がゲーム中のおとりで本当の充実

コーンボール

感、達成感を感じることができるでしょうか。小学生にこんな感想を書かせてはいけません。どの子も実質的にゲームに参加して、得点にからんだプレイができる可能性を高める方向で教材化の工夫を私は進めたいのです。

さらに問題なのは、アメフトタイプはドリブルやランプレイと同じように、ボール運動が苦手な子がボール操作をする可能性がとても低くなってしまうことです。どんな教材もゲームの中でこれを完全に公平にすることは不可能ですが、役割分担ではじめからボールを投げる機会がない係をつくってしまうのは小学校のボール運動の教材として適当とは言えません。間違った教材化の方向だと考えます。

ここから私の実践を紹介していきます。

中学年では、ゲームのスタートラインとゴール（コーン）だけを設定した『**コーンボール**』という教材を扱います。攻撃は三人、守備は一人としています。攻撃と守備は時間（三分程度）で区切って交代します。

ゴール型ゲームの攻撃は「①ボールを捕って、②パスかシュートか判断して、③ねらったところにボールを投げる」と、やらなければならないことがとても多いのです。これに比べて、守備は相手のパスやシュートを邪魔すればよいので、判断すること、やるべきことが少なくて簡単です。三人対三人のゲームにすると、守備が相当有利になってなかなか点が入らなくなってしまうのです。攻撃場面の「知識及び技能」「思考力、判断力、表現力等」を高めていくためにも、なるべく攻撃が成功裏に終わる状況をつくりたいと考えています。

攻撃・守備を時間で区切るのは、ゲーム中に判断する選択肢を減らし、ボールの投捕が苦手だったり、ゴール型ゲームで遊んだ経験の少ない子が、ゲームに参加しやすくするためです。具体的には、「今、自分のチームは攻めているのか、守っているのか」、**ボール**

を持った瞬間に「どっちの方向に攻めるのか」という迷いをなくすためです。

このようなゲームのやり方、ルールに慣れた頃に、「どこへボールを運びたいの?」と発問し、「コーンへ」という回答を導きます。「じゃあ、ボールを持った人より後ろ（コーンから遠く）にいる人と、前（コーンの近く）にいる人、どっちにパスするのがいい?」「ボールを持っていない人は、どこに動いてパスをもらったらいい?」と思考場面を設定することができます。

三人対一人のゲームですが、すばしこい子が守備にいる場合は、長い時間守られてしまうこともあります。このような場合は、ボールを持たない二人が近くにいる場合と、二人が離れた場合を比べさせて、「二人が近いと一人で守られてしまう」「二人が離れた方がよい」という知識を共通に獲得させます。もちろん「パスが届く範囲で」という認識も必要です。

ここまで思考させれば、その後は、教師からのアドバイスはほぼ「前へ！」だけで済んでしまいます。

分かってもなかなかできないのが、運動・スポーツの学習ですから、**子ども同士でも、教師からも、声をかけ続けることで、「分かる」と「できる」を近付けていきます。**

高学年では、フライングディスク（商品名：ドッヂビー270）を使ったゴール型教材を扱います。アメリカで生まれたアルティメットというスポーツが原型ですが、同じアメリカでアルティメット（究極の）という単語を含む違うゴール型のプロスポーツもあるようですので、私は『**ディスクゲーム**』と呼んでいます。フライングディスクは初めて使う教具なので、事前に投捕の練習をしておくとゲームに入っていきやすくなります。上手になるとよく飛ぶので、一〇メートル程度の距離で何回も続くようになるとよいでしょう。

一五五ページにあるようなプリント資料を配り、やり方・ルールを理解させます。

まずは『コーンボール』のように攻守を時間で分けたゲームをします。人数は少し増やして、攻撃四人、守備二人程度にします。その理由は、コートが広くなる、うまく投げるとディスクはボールよりも飛ぶ、ゴール型ゲームにも少し慣れてきた、等です。コートが広い分、相手がいない空間が大きくなり、そこへ動いてパスを受けようという意識ももたせやすいと考えています。

前に述べたボールの投捕技能を高めるのとは少し違う教材になりますが、手首のスナップ動作、目標に向かって半身で構える等は似た運動になります。ディスクの一番の長所はボールに比べて滞空時間が長く、これに合わせた動きをしやすいことだと考えています。また、当たっても痛くない用具なので、怖がらずにゲームに参加できます。

ゴールゾーンでダイレクトにパスをキャッチできたら得点です。この得点に直接関係した二人（パスをした子、パスをゴールゾーンで捕った子）は、控えている仲間と交代です。守備の二人も交代します。得点にからむ子は、ディスクの投捕やゴール型ゲームの感覚・技能が高い子が多くなります。得点にからまない子は、試合に出ている時間が長くなって、経験値が上がっていきます。

ここでも、「どこにディスクを運びたいのか?」「ディスクを持っている子より、前にいるのがよいのか、後ろにいるのがよいのか?」「相手にディスクを捕られないためにはど

ディスクゲーム

年　組　番 名前＿＿＿＿＿＿＿＿

ディスクをパスでつないで、相手ゴールへ運ぶゲームをします
相手ゴール内でパスを受けたら１点です
守備・攻撃を、時間を区切って試合をします
例）前半〔A チーム攻撃・B チーム守備〕：後半〔A チーム守備・B チーム攻撃〕
対戦チームはリーグ戦方式で決めます

①コート

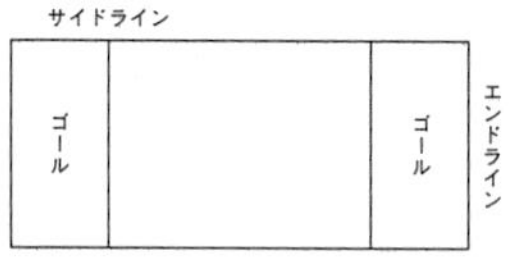

②得点

- 相手ゴールでパスを受けたとき
- ゲームスタート後はゴールには守備側の選手は入れない
  (自分のゴールには入れない)
- 相手ゴールに入るのはチームの誰でもよい

③チーム・出場人数

- 出場選手は攻撃側４人、守備側２人
- 10 人チーム（チーム数は４）で出場順を決めて、上から順番に
- 得点のパスをした選手、受けとった選手は交代
- 得点されたチームは選手２人とも入れかえ
- 次の時間は、ディスクにさわったマーク（カードに記録）の少ない子から出場順を上にする

④主なルール

- 試合開始は自分のゴールから始める
- 相手側は最初のパスをキャッチするか、ディスクが地面に着くまで自分のゴールにとどまること
- 得点が入った場合、エンドラインからディスクが出た場合は同じように再開する
  ※試合開始・再開では、自分のゴールに入れることになります
- サイドラインから出たディスクは、相手側からスローイン
  ※守備側のスローインになった場合は、再開から
- ディスクを持った選手がさわれる範囲には近付かない（ゴールラインぎわは例外）

⑤試合時間

- 前半約３分・後半約３分

ディスクゲームプリント資料

（　　　）チーム　記録用紙　　　　月　日　曜日

対戦相手（　　　）チーム

※以下の記号を使って記録していきます。チームで反省して作戦に役立てましょう。

〈攻撃〉○：パス　◎：得点　△：得点キャッチ

〈守備〉×：パスカット

出場順	1回戦	2回戦
1.		
2.		
3.		
4.		
5.		
6.		
7.		
8.		
9.		
10.		
得点 失点 結果	得点（　　）点 相手（　　）班（　　）点 勝・負・分	得点（　　）点 相手（　　）班（　　）点 勝・負・分

次の出場順（マークの少ない子から先に出場します。）

①＿＿＿　②＿＿＿　③＿＿＿　④＿＿＿　⑤＿＿＿

⑥＿＿＿　⑦＿＿＿　⑧＿＿＿　⑨＿＿＿　⑩＿＿＿

ディスクゲーム記録用紙

両手でバレーボールテニス

うするか?」等の発問で、コーンボールと同じ内容を思考し、知識として確認していくことができます。これらは既習事項となりますが、一年以上（少なくとも数か月）の時間の経過があり、用具、コート、チームや学級が違うというような状況では、再確認して、**領域固有となっている知識を、既習と今の教材とでつなげてやる必要があります。**

同じゴール型であるバスケットボールタイプの教材も同様に進めることができます。

②ネット型　相手のいないところへボールを打つ、相手にぶつける

四年生で簡単なネット型教材を扱い、「点を取るためにはどこに打つ?」と発問すると「コートの前や後ろ、はじっこ」「相手のいないところ」と答えが返ってきます。これが一貫した学習内容になります。学習が進んでいくと、「先生、ねらって相手にぶつけてもいいの?」と意図的に相手の正面や足下に打つことも得点になりやすいことに気付きます。

四年生ではドッジボール大のボールを両手の平、アンダーハンドで弾《はじ》くルールにしています。このようなルールを教材の名前にして**『両手でバレーボールテニス』**と呼んでいます。

天理大学の木下光正《きのしたみつまさ》教授考案の教材をもとに改変したものです。

手の平とするのは、ボールを操作しやすくするためです。ボールを弾いて操作するのは子どもにとっては大変難しい技術です。その技術を易しくするために、両手の平で打たせるのです。ここまで易しくすると意図的にボールを操作して点を取りにいく子が何人も出てきます。

アンダーハンドに限定するのは守備側の子、特にボール運動が苦手な子が飛んで来るボールに対応できるようにするためです。ネットの代わりにコーン・バー（高さ五六センチ程度）を使っていますので、上手な子が上から打ち込んだらほとんど対応できません。ラリーがなくなり、触球機会の少ないゲームになります。また、ネット（バー）を高くしたら相手コートにボールを返すことが難しくなって、これも苦手な子は参加しにくいゲームになってしまいます。ネット型でも苦手な子のボール操作の機会を保障し、技能が身に付くように考え、場やルールを設定しています。

学習内容、ゲームのやり方、ゲームに必要な技能を簡単にすることで、苦手意識のある子も技能を高めながら知的な学習内容も習得していくことができるのです。

人数は二人対二人で、一回で相手コートに返せなかったボールはもう一人が弾いて、ツータッチで返してもよいことにしています。正面でボールを捉えられない場合は、意図的なコントロールは難しくなります。仲間意識を育てたり、かかわりを生むためにも二人にしています。当然、**チームメイト同士の対話**が生まれます。また、一人で相手コートまで返すことが困難な子もいます。いつも返せないままでは嫌になってしまいますので、味方のフォローを認めるということです。

ネット型には、テニスや卓球のように一回で相手コートに打ち込む「攻守一体型」と、バレーボールのように自コート内のパスで攻撃態勢を整えてから打ち込む「連携プレイ型」があります。テニスは攻守一体型ですが、連携プレイ型の要素も加えて教材化しています。

高学年では、バレーボールタイプの教材を扱います。

ここでも「どこに打つか」が学習内容です。バレーボールタイプではアタックで打ち込みますので、それを成功させるための練習をさせておきます。四メートル程度（バドミントンのショートサービスラインが目安）離れた相手に自分で投げ上げたボールをアタックしてパスします。相手がキャッチできたら成功です。今度は相手からのアタックパスをキャッチします。『**アタックパス**』と呼んでいますが、オーバーハンドサーブの要領です。はじめは短い距離から、落とさずに一〇回程度続くようになったら距離を伸ばしていきます。

この教材で、片手のオーバーハンドでボールを打つ感覚・技能と、どの辺りに、どのくらいの高さでボールを投げ上げると打ちやすいのかということも理解させていきます。また、ボール投げで学習したはずの利き手の反対足を前に出すということを忘れている子もいますので、「ボールを打つ手と反対の足を前に出して、ラインをまたぐ」というアドバイスもしていきます。

数メートル離れてパスが一〇回程度続くようになったら、ねらったところに打てるようになったと捉えてよいでしょう。

次は少しゲームに近付けて、『**ネットをはさんでアタックパス**』にします。ネットの向

ネットをはさんでアタックパス

こう側の相手に向かって、同じようにアタック（オーバーハンドサーブ）でボールをパスします。これも相手がキャッチできたら成功です。

ネットの高さはバドミントン程度が適当です。ネットに近すぎても遠すぎてもうまくいきませんので、適当な位置を指示してやらせます。これもネットから約二メートルの位置に引かれているライン（バドミントンのショートサービスライン）辺りがよいようです。キャッチも反対側コートの同じ位置で待ちます。キャッチのために動くのはアリです。回数をこなすためコートの片側からどんどん打たせます。アタックを打ったら反対側コートのキャッチの列の後ろに並び、キャッチしたらそのボールを持ってアタックを待つ列の後ろに並びます。

方法を理解したら、チームで連続何回キャッチできるか、一定時間で何回キャッチできるか等を課題として経験値を上げていきます。どんな運動でも何回も繰り返さないとできるようにはなりません。また、できるようになったからオーケーではなく、何度も繰り返すことで感覚を体に染み込ませ、動きを精錬させていくことが大切です。

この後に、仲間が投げ上げたボールをアタックする練習をさせます。このときは、思い切り打ち込む、できればねらったところに打ち込めるようにさせます。思い切り打つとコートに入らず、遠くまで飛んでいってアウトになってしまうことが多くなります。打ち終わった手が「ツルのくちばし」の形になるように気を付けさせて、手首のスナップが効くようにアドバイスします。

また、このような**基礎技能を身に付けさせるための（一般的にはドリルゲームと呼ばれる）教材は、各型の大きな単元に入る前に扱っておく**ことをおすすめします。単元に入ってからドリルゲームを扱ったのでは、単元のはじめのうちはゲームを楽しめないことになります。**一度に二つ以上のゲームを覚えるのも大変です。**前もって扱えば、子どもたちはドリルゲームもメインゲームと捉えて楽しむことができます。

アタックの技能がある程度身に付いたら『**アタックゲーム**』に取り組みます。ここからが、ネット型の特性をもつゲームになります。アタックすること、アタックで得点することに意識を向けさせるためのネーミングです。

アタックの機会を多くするために、そこまでの過程をできるだけ簡単にします。

○参加人数は一チームの人数によって、三人または四人。
○コートはバドミントンの外側のライン
○サーブは、バドミントンのショートサービスラインより後ろから、ワンバウンドさせたボールを両手のアンダーハンドで打つ。失敗した場合は二回まで打てる
○ワンタッチ目は、ワンバウンドで打つ
○ツータッチ目はノーバウンドでキャッチして、その子が投げ上げてトスする
○スリータッチ目でアタック
○三回で返さないと相手側の得点

よい位置でトスアップすることを意識させたければ、次のようなルールも有効です。

○ネットのそば中央（本校はミニバスケットボールのセンターサークルがある）でツータッチ目のキャッチができたら一点

アタックゲーム

このようなルールで、できるだけアタックまでいけるようにして、ねらった位置にアタックを打つ機会を増やします。ネット型ゲームはミスがそのまま失点につながるので、ミスが増えると雰囲気も悪くなります。「アタックが成功して得点できた」という場面が多いゲームにしたいのです。

この点を突き詰めると、「キャッチ－キャッチ－アタック」の三段攻撃でもよいかもしれませんし、ツータッチ目のキャッチもワンバウンドしてからでもよいかもしれません。授業者の意図と子どもたちの技能、ドキドキ感で頃合いを見付けていけばよいと考えます。また、易しいゲームから、少しずつ難易度を上げていくのもよい方法です。

③ベースボール型　点を取るためにどこ（どの方向）に打つ（蹴る）か

ベースボール型は技能の高低にかかわらず打順が公平に回ってくるところに大きな価値があると感じています。ボール運動が苦手で、ゴール型やネット型ではなかなか活躍できない子でも得意な子と同じように打順は回ってきます。ランナーが塁に残るルールを採用していれば、誰にでも大きなチャンスが回ってくる可能性もあります。本人には大きなプレッシャーかもしれませんが、自分の責任を果たすということも大切なことと言えます。

学習内容（小タイトル）には（どの方向）を括弧書きで付記しました。打つ技術は大変難しく、特別に練習しないとできません。キックベースにした場合は、打つが蹴るに変わりますが、経験の少ない子にとっては、遠くに蹴るのは打つのと同じように難しいものです。これを排除し、「打つ（蹴る）」を「投げる」に変えた実践も報告されていますが、それでもベースボール型はコートが広く、ねらったところまで届かない可能性もあります。そこで、自分がアウトにならずに生き残るため、味方が進塁して点を取るためにはどの方向へ打つのがよいか判断できればよいと考えました。

ベースが一つで、そのベースを踏んでホームベースまで戻ってくればよいキックベースを簡単にした『**けっとばし**』という教材では、ホームベースにボールが戻ってくるまでの時間を稼ぎたいので、遠くまで蹴ることが得策となります。まずは強く打たせたい、蹴らせたいという段階では有効なルール（教材）と言えます。

一塁、二塁とベースを回るゲームでは、長打（蹴る）力のない子どもは、自分が一塁セーフになるために左方向（三塁側）に打つ（蹴る）のが有効になります。ランナーを残すところまでゲームを発展させた場合は、ランナーを進めるために右方向へという考え方も野球少年・少女から出てくるかもしれません。

私は、高学年では三角コーンを利用したティー（株式会社内田洋行製）にボール（ミカサ株式会社・スマイルボールのハンドボール）を載せてバット（株式会社内田洋行製）で打たせています。ボールをティーに乗せるので**『ティーボール』**と呼んでいます。

バッターランナーが一塁まで行けたら一点、二塁までで二点として、ランナーを塁に残さないルールを用いています。これは塁上ランナーのルールが難しく、フライ、ライナーを打った場合の進塁ルールに戸惑う子が多いためです。

ホームまで戻ってくれば四点ですが、なかなか得点できない子がいる場合には、ホームベースから六メートル程度のところに一塁を設けて、得点しやすくします。この場合、ホームランで五点となります。

コートは、上図のコート（本校・眞《ま》榮《え》里《さと》耕《こう》太《た》教諭　考案）を用います。ダイヤモンドが変形なのは、一チームの人数を六人から七人としているため、フェアゾーンを少し狭くするのと、三コート分のスペースを取りやすくするためです。また、ダイヤモンドの対角線を歩測すればよいので、ライン引きも比較的簡単にできます。

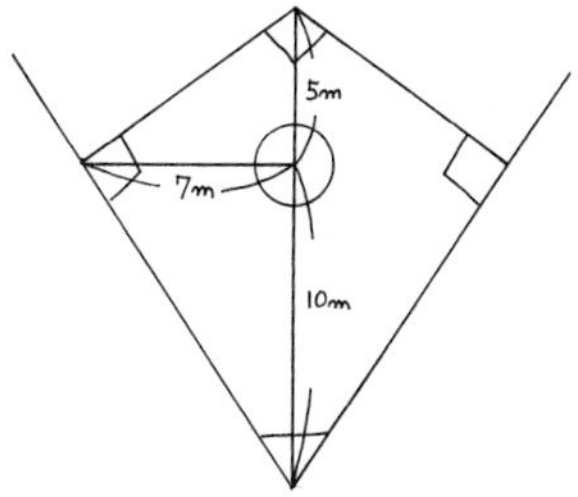

ティーボールコート図

この教材で、強く打てる子は長打をねらって、あまり自信のない子は三塁側にゴロを打つことをねらってバッティングができればよいと考えています。

ベースボール型の場合も**攻撃面に焦点化**した学習内容とした方が、運動の苦手な子どもも理解し、楽しめる教材になると考えています。

(2)　器械運動は系統の幅を狭めて

器械運動は高学年になると大変多くの技が例示として挙げられています。新しい『小学校学習指導要領解説　体育編』の鉄棒運動では、高学年で以下の技が例示となっています

（括弧内は、「更なる発展技」）。

［支持系　前方支持回転技群　前転グループ発展技の例示］

○前方支持回転（前方伸膝支持回転）○片足踏み越し下り（横とび越し下り）

［支持系　前方支持回転技群　前方足掛け回転グループ発展技の例示］

○膝掛け上がり（もも掛け上がり）○前方もも掛け回転

［支持系　後方支持回転技群　後転グループ発展技の例示］

○逆上がり　○後方支持回転（後方伸膝支持回転）

［支持系　後方支持回転技群　後方足掛け回転グループ発展技の例示］

○後方もも掛け回転　○両膝掛け振動下り

［技の組み合わせ方の例示］（以下省略）

通常の体育授業時数の中で他領域とのバランスをとりながらこれだけの技を指導するのは無理です。例示ですから、そもそもすべてを扱うことも求められてはいません。

私の勤務する筑波大学附属小学校では、私を含めて体育を専門とする教師が四人います。その四人が全学級で一年生から六年生までを見通した系統的な指導を心がけていますが、例示の技すべてを網羅するカリキュラムにはしていません。重点とする感覚・技能を決めて系統の幅を狭めています。当然、授業で扱う技も絞るということになります。

①鉄棒運動　回転感覚を高める

具体的に言えば、鉄棒では支持回転する技に重点を置いて系統的な指導をしています。身に付けさせたい「資質・能力」は主に回転の「感覚・技能」、そのための「思考力、判断力、表現力等」ということになります。

支持回転する技の中でも、連続回転が可能な技（だるま回り、膝かけ後ろ回り）は、技ができた後も連続回数を伸ばすことで楽しむことができます。同じ学習内容で学び合って、できるようになった子はさらに発展的に楽しむことができるということです。鉄棒運動の連続回転は鉄棒を回転の軸とするため、移動がないその場での回転となります。場を広げることなく連続回転を楽しんで、回転感覚を高めることができるのが鉄棒運動で回転技を扱う大きな理由でもあります。これがマット運動だとすると、マットをつなげた場を準備したり、方向転換が必要になったりします。

また前掲二つの技は、「お手伝い」（子ども同士の補助）により、できない子もできる子と同じ姿勢変化を味わうことができます。**一人でできない子も回転感覚を高めていけるのです**（これも実は、回転軸が鉄棒であることと深くかかわっています）。お手伝いは前述した「かかわりが生まれる」という教材化の条件にも合致します。「思考場面が設定できる」条件にも当てはまるのも前述のとおりです。

このような価値に加えて、**鉄棒運動は（次に述べるマット運動の腕支持・逆さ系の運動も同様ですが）、小学校期がその学習に最適な発達段階となります。**このような理由もあり、本校カリキュラムの鉄棒運動の時数は、他校のそれよりも大きくなっています。小学校六年間の中でも、**低・中学年はさらに鉄棒運動や、腕支持・逆さの運動に適している**ので、そのボリュームが大きくなります。

②マット運動　腕支持・逆さの感覚を高める

マット運動では、腕支持感覚、逆さ感覚を高めることを主なねらいとします。具体的には逆立ちや、逆立ち姿勢を経過する運動を主に扱っていきます。

転がる（接転系の）運動も扱いますが、時間をかけて指導するのは腕支持・逆さ系の運動です。それには以下のような理由があります。

一つは、**小学生、特に低学年の発達段階に合っている**ということです。

体の小さい低学年の子どもは体重に対する筋力が大きく、自分の体を支えることが大人よりも容易にできます。低学年で、腕支持・逆さの姿勢で一〇秒程度自分の体を支えていられない子は、筋力が弱いのではなく、力の出し方が分かっていない場合がほとんどです。これは、鉄棒のだんごむしで腕が伸びてしまう子や、短距離走で全力が出しきれない子も同じです。

私の実践では、スモールステップで段階を踏めば、自分一人でかべ逆立ちの姿勢になり、そのまま一〇〇秒立っていられる子が半分以上になってきます。

発達段階との関係で言えば、**体が軽いということも腕支持・逆さの運動をするのに利点となります。**かべ逆立ちの単元初期には、逆立ち姿勢から倒れてしまったり、肘が曲がって頭をついてしまったりもしますが、低学年の子どもの体重であれば首等を痛めることもありません。非日常の感覚である逆さの姿勢が面白くて何度も練習を続けます。同じことを中学年や高学年で扱っても、できる子は問題なくできるでしょう。しかし、感覚が育っていない苦手な子は習得に時間がかかるだけでなく、ケガの可能性も高まってしまいます。

もう一つは、**見た目にも、自分の身体感覚的にもダイナミックで、子どもが憧れる運動である**ということです。

逆立ち姿勢を経過して回転する、側転やハンドスプリングは、技の見た目が大きく姿勢

連続イラスト　側転

変化が劇的です。これが子どもが強く憧れる理由です。技の大きさ、見た目の派手さから高学年で扱う技と思われがちですが、ステップを踏んで進めれば、低・中学年から取り組める技です。これらの運動も回転を伴いますから、回転感覚も養われます。しかし、単元中は腕支持逆さ姿勢を経過しながら自分の体を操作する練習が主になり、ころころ転がる接転系よりは回転は少なくなります。その分、回転感覚は鉄棒運動で養おうと考えているのです。

③跳び箱運動　踏み切りー着手ー着地の切り返し系の動き（回転系・翻転系はマット運動との境目なし）

跳び箱運動では、開脚跳び、かかえ込み跳び等の切り返し系の技を中心に扱い、次の感覚等を身に付けさせたいと考えています。

○両足で踏み切る感覚
○体を投げ出して遠くに着手する感覚
○跳び箱を後ろに押して体を前に運ぶ感覚
○体勢を切り返して安全に着地する感覚

これらの感覚は、うさぎ跳びや馬跳びで十分に高めておくことができます。うさぎ跳び、馬跳びは、切り返し系の運動と〈踏み切りー着手ー着地〉の運動の順次性が同じで、非常によく似た運動です。こういう運動を「きょうだい運動」とか「運動アナロゴン」「下位教材」等と呼びます。

うさぎ跳びで遠くに着手すれば「体を投げ出して遠くに着手する感覚」が高められます。馬を遠くすれば馬跳びでも同様ですが、馬が頑丈であること、馬への衝撃が大きくなるの

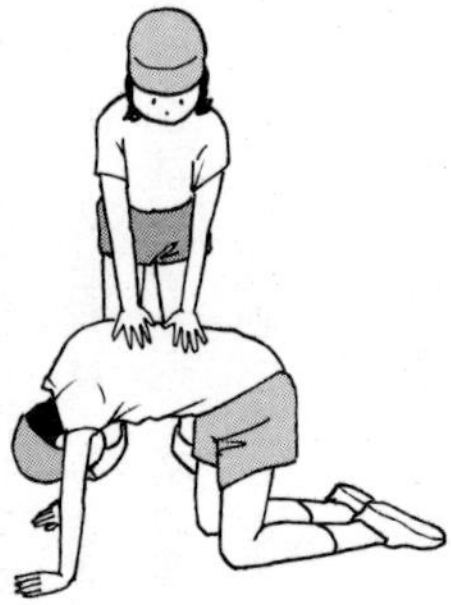

1点の馬

2点の馬

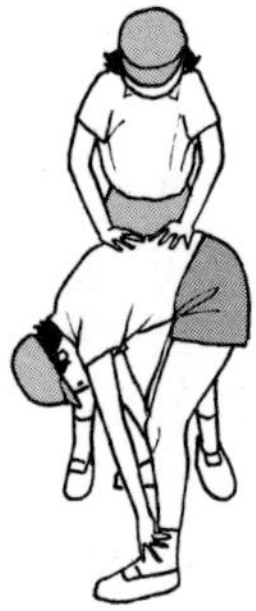

3点の馬

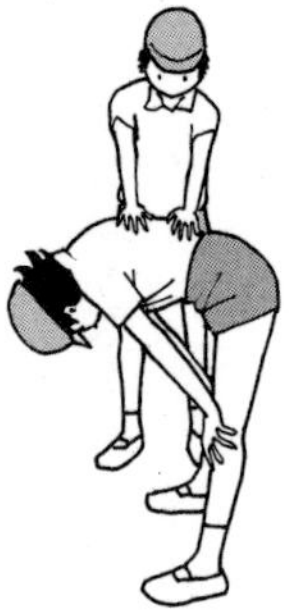

4点の馬

で助走はさせないことが条件となります。

「跳び箱を後ろに押して体を前に運ぶ感覚」は、着手の後、開脚した股の間から馬を押すことが必要になる馬跳びで高めることができます。

うさぎ跳びも馬跳びも子どもたちに十分に経験させて、跳び箱が跳べるような体になってから跳び箱の前に立たせたいものです。

馬跳びはイラストにある一点〜四点の馬の中から適当な高さを選んで、繰り返し取り組ませます。運動場にタイヤが埋め込んである学校であれば、それを利用してもよいでしょう。タイヤは頑丈ですが幅が狭いので、「体を投げ出して遠くに着手する感覚」に関しては、踏み切り位置を加減してやらせるとよいでしょう。

切り返し系の中のかかえ込み跳びの感覚づくりは、うさぎ跳びで養っておきます。

○遠くに着手すること

○着手位置よりも前（遠く）に着地すること

を目標にうさぎ跳びに取り組ませ、かかえ込み跳びに近い動きをさせておきます。床を突き放して足を前に出せれば一番よいのですが、はじめは、床に手をついて腕を伸ばし、その下を体と脚が通り抜けるような運動でもよいでしょう。ただし、体を通すために、手の平の付け根（掌底部）を床につかずに肩の位置を高くしようとするのはやめるように指導しなければなりません。指の付け根を痛める可能性があるためです。両手の内側を体・脚が通るうさぎ跳びを十分に経験させてからかかえ込み跳びに取り組ませます。

回転系、翻転（はね跳び）系の技は、マット運動との境目をなくして考えています。

はね跳び

高さ前ころがり

台上前転の下位教材として、小マット（六〇センチ×一二〇センチ×五センチ）を重ねた上で前転を行う「高さ前ころがり」に取り組ませます。高さ（厚さ）五センチの前ころがりから始めて五センチずつ高さを上げていくことと、転がる面が広いことから、恐怖心なく高さを上げていくことができます。五〇センチ（跳び箱三段程度）の高さまで回れたら、一段の跳び箱で台上前転に取り組ませます。

はね跳びも小マットを使います。頭つきの三点倒立からブリッジをすることから始めて、その後、仲間に起こしてもらう、勢いをつけて自分で起きる等の練習をして頭はね跳びにしていきます。これは、面積の小さい跳び箱はほとんど使いません。小マット数枚の上で、お手伝いをつけてでも起き上がることができれば合格と考えています。

浮く姿勢

④水泳は、大きな泳ぎで長く泳ぐ　浮く姿勢、息つぎ、かえる足

小学校の水泳授業では、**ゆったりとした大きな泳ぎで長く泳ぐ力を付けさせたい**と考えています。

そのために一番大事なことは、水中で浮きやすい姿勢がとれる、その姿勢を保持できるということです。泳げるようになっても、長く続かない子、前に進まない子は、この姿勢がつくれない、あるいは息つぎでこの姿勢が崩れてしまう子がほとんどです。

水を怖がらずに水中でリラックスできること、頭をしっかり耳まで沈めること等が必要な条件になります。そのためには、泳げるようになってからも水慣れの活動を十分に

低い息つぎ

経験させることです。

二つ目は、**頭を上げすぎないスムーズな息つぎができるということ**です。

これは浮く姿勢とも深くかかわることです。浮きやすい姿勢から大きく姿勢を崩すことなく息つぎができれば、前に進むことに意識を向けて運動することができます。反対に顔を水面から高く上げて体が反ってしまうと、腰・下半身が沈んで前に進むのには大きな抵抗になり、泳ぎ続けるのが難しくなります。

リラックスして浮く姿勢がとれれば、息つぎの動作にも余裕が生まれます。また、水中で息を十分に吐いておくと、低い位置で、なおかつ短い時間で呼吸が可能になります。

クロールでは耳が肩につくように、平泳ぎ

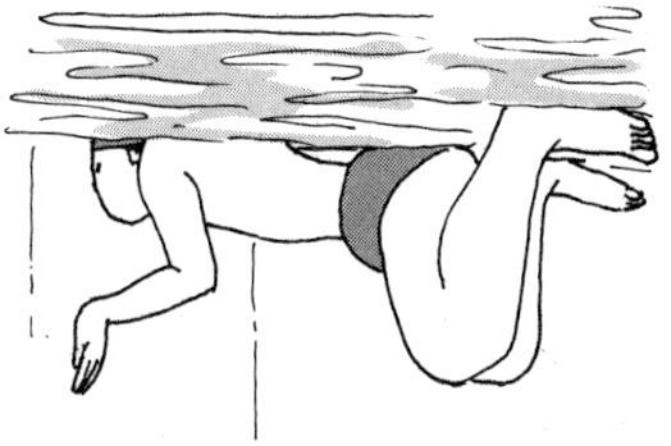

かべかえる足

では顎が水面から離れないように低い位置での息つぎができると楽に長く泳げるようになっていきます。

クロールでは、腕のかきに合わせた息つぎもポイントになりますので、繰り返し練習することが必要です。

平泳ぎは、かえる足が最大のポイントです。かえる足は、**「日常生活では経験しない動き」**、しかも**「非日常となる水中」「不安定な浮いた姿勢」「自分の脚が見えない姿勢」**という、難しい課題がいくつも重なる運動なのです。できるようになれば、楽に長く泳ぐのに合理的な運動ですので、小学校の体育でぜひ習得しておきたいところです。

右に挙げたように難しい運動ですので、中学年から取り組んで、クロールと並行して練習していくようにします。一時間の授業の中で、クロールの練習、かえる足・平泳ぎの練習の双方に毎回取り組んだ方が成果が上がることは間違いありません。

(3) 陸上運動は、運動を丸ごと捉えて

陸上運動は走る、跳ぶ等の日常経験しやすい運動をより力強く、精錬していくというねらいの授業が多くなります。これらは他の領域に比べて、少しの練習でできるようになるという利点があります。そして、仲間と競争したり、自分の記録を伸ばしたりして楽しむことができます。

このような運動について、細かく技術を細分化して分習法的に練習させるのは、小学校期の子どもに適していません。ある程度できるようになった運動は、**その開始から終了までを通して楽しむ全習法的な学習**が小学生には向いています。その中で運動のポイントを一つか二つ、注意しながら練習していくのがよいでしょう。

運動のポイントとしては、次のこと等を考えています。

○短距離走では、素早くスタートしてゴールを走り抜ける
○走り幅跳びは、片足踏み切りー両足着地ができる。
　空中姿勢は〝く〟の字、着地は〝ん〟の字で衝撃を吸収する
○走り高跳びは、はさみ跳びで安全に着地できる（地面でも実施可能）

―○ハードル走は、インターバルを三歩のリズムで走り切る（インターバルは選択）―

陸上運動の具体的な教材は、拙著『体育授業が得意になる9つの方法』（東洋館出版社）を参考にしていただけると幸いです。

(4) なわの操作となわに合わせる動き

なわ跳びは体つくり運動領域に含まれ、多くの例示の中の一つとして挙げられている運動です。しかし私は、なわ跳びが一つの領域として独立してもよいほど、その価値は高いと考えています。それは以下のような理由からです。

第一に、次々と**連続して課題が設定できること。**

短なわ跳びであれば、一つの技ができるようになった後、連続して跳び続けることが課題となります。そして、その技を下位教材としたより難しい技に挑戦することもできます。

集団で取り組む長なわ跳びも同じで、跳ばずに二人の回し手の中間を通り抜ける「とおりぬけ」から「0《ゼロ》の字跳び」「8の字跳び」「8の字むかえ（反対）回し」「ひょうたん跳び」等から、最近メディアで目にすることも多くなった「ダブルダッチ」まで、一年生から六年生まで十分に楽しめる課題が連続しています。しかも、上位の課題でも大きな危険はありません。

第二には、**仲間とかかわって学習が進められること。**

長なわ跳びは、運動そのものが仲間とのかかわりを内包しています。仲間が回すなわにタイミングを合わせて入って跳ぶという運動は、仲間とのかかわりを内包していると言えます。短なわ跳びでも、子どもたちは自然に仲間とかかわって活動を進めます。休み時間に何人かが集まって「生きのこりしよ」と、誰が一番長く跳び続けられるかを競争して楽しんでいます。また、新しい技ができるようになると必ず「先生、見て」と見せに来ます。**達成欲求が満たされれば、承認欲求を充足しようとするのは自然なことです。**できる技が増えてきたら、イラストのような二人跳びも楽しむことができます。できるようになったことを組み合わせたり、アレンジしたりして表現作品を創ることは、表現領域の運動と捉えることも可能でしょう。

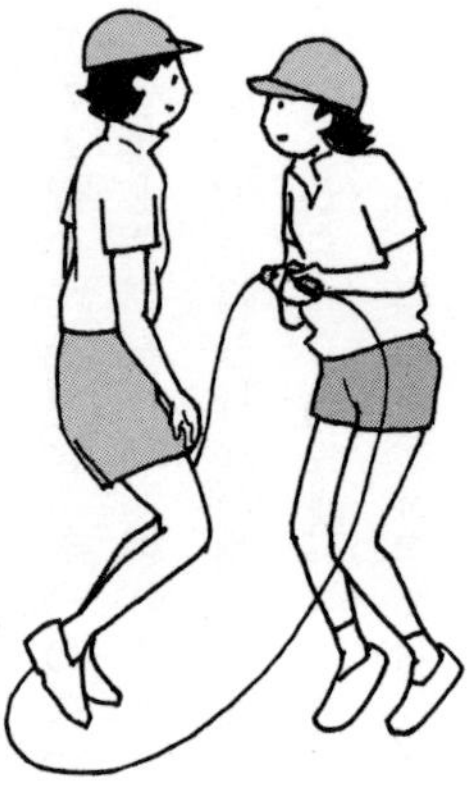

短なわ二人跳び

三つ目は**休み時間、放課後等に活動しやすいということ**です。

跳びなわさえあれば広い場所を必要とせずに運動できるなわ跳びは、最も自主的に取り組みやすい運動の一つです。長なわも他の運動に比べれば、それほど広い場所は必要としません。そして、なわ跳びは、練習の成果が現れやすい運動と言えます。自主的な取組が評価されやすいとも言えます。コツコツと取り組んだ子が、他の運動では技能が高くなる仲間よりもはるかに上手になっているということは、よくあることです。

四つ目は既述の**狭い場所でもできるということ**です。

雨が降ったり、冬に運動場が使えなくなったりして、予定していた運動ができなくなったというときでも、なわ跳びでなら、一般的な小学校の体育館で二〜三学級の授業展開が可能です。「今日は体育館の割り当ての時間じゃないから、体育は中止」等としないで、週三時間の体育の授業を確保する手段ともなるなわ跳びは大変有効な運動だと言えます。

このような価値のあるなわ跳びを楽しむためにも、なわの回し方、長なわへの入り方、長なわで跳びやすい位置等を分かって、できるようにしていくことが必要になります。

「長なわ大会があるから、一年生のはじめから8の字跳びの練習をしなくちゃいけない」というのは、子どもへの負担が大きく、気の毒です。**全員が楽しめる課題から順次取り組ませ、連続する課題を達成しながら楽しく力を付けていきたいものです。**

3 子どもにとって意味のあるスモールステップ・全習法・分習法を

運動学習を効率よく進めるのに、少しずつ難しい課題に取り組んでいくスモールステップや、技術を分解して学習する分習法は有効な方法です。

運動ができるようになる、技能が伸びるということは、体育という教科にとってとても大切なことです。「言語活動」「アクティブ・ラーニング」「主体的・対話的で深い学び」等のキーワードは、そのときどきに流行して現場の授業に大きな影響を与えますが、子どもの技能を伸ばすことは体育授業では普遍的な最重要課題です。スモールステップ、分習法等の指導技法をうまく活用して子どもの技能を可能な限り伸ばしていきましょう。

ただ、気を付けなければいけないことは、子どもが楽しく課題意識をもって取り組めるように、個々の運動を教材化していくことです。体育授業は、クラブスポーツや部活動のように、そのスポーツがやりたくて集まってきている集団が対象ではありません。技能習得や成績、勝利のための基礎練習、ドリルゲーム、トレーニングというイメージを子どもがもたないように工夫して、教材化していきます。

以下、私がどんな視点でスモールステップや分習法、全習法の教材を考えているのかを述べていきます。

(1) できそう↓できた↓できそう…の繰り返し

ある系統の運動に取り組ませるとき、**まずは全員ができそうな運動から取り組ませて感覚づくりを進めます。**ある程度感覚づくりが進んだ段階で次の課題に進みます。ここでも、**ほとんどの子ができた段階で、その次の課題に進む**という段階を踏みます。こうすることで、タイトルにある**「できそう↓できた↓できそう…」のスパイラルで学習を進めていく**ことができます。低学年ほど、心がけている視点です。

学習過程としてはごく当たり前のことなのですが、体育では一年生からの感覚・技能の積み上げが不十分なことが多く、なかなかこのスパイラルが実現しにくいのです。高学年の担任になったときに、「この子どもたちの実態では高学年の課題に取り組むことは難しい」と感じることが珍しくないのが現場の実情です。このような実態に対応しようと、子ども個々の実態やめあてに応じて学習を進めるという授業スタイルをとり、さらに個人差を広げてしまうような悪循環も多いのではないでしょうか。

算数では、数の概念を学習し、足し算、引き算、かけ算、割り算という順番で四則計算を学んでいくのが通常の学習過程です。このステップを踏まなければ学習が成立しないでしょう。体育でもこのような積み重ね、感覚づくり、技能の定着が必要なのです。各学校のカリキュラム（年間指導計画）を見直して、一年生からの積み上げが可能な教材配列、全員に経験させるべき重点教材の設定が必須と言えます。また、スモールステップによる成果を得るためにも「2何を学ばせたいか」で述べたように、器械運動の系統の幅を狭める、ボール運動の学習内容を簡単にするというようなことが必要になってきます。

「できそう→できた→できそう…」の例を紹介します。既に前のページで取り上げている教材もあります。ステップを分かりやすくするためとご了承ください。

手足走り

①かべ逆立ちのスモールステップ

ステップ1『おりかえしの運動』

一〇メートル程度の距離を往復（おりかえし）してく

うさぎ跳び

るだけの運動なので、**『おりかえしの運動』**と呼んでいます。往路は教師が指定した運動で感覚づくりをねらい、復路はかけっこで全力で走る経験値を高めていきます。

往路ではさまざまな運動感覚、姿勢感覚づくりをねらいます。中でも低学年から取り組ませたいのは、腕支持・逆さ感覚を高める運動です。その代表的なものが手足走りです。

膝をつかない四つん這いの姿勢で前に進みます。逆さではありませんが、日常生活の立位や座位よりは頭が下がって腰が上がる「つんのめり」の姿勢になります。この運動でも腕支持感覚、逆さ感覚は養うことができます。この姿勢で手足を素早く動かして、前に進むスピードを上げていきます。慣れてくると腰の位置が上がり、より逆さに近くなります。

肩が前に出る開脚跳び

うさぎ跳びも手足走り同様、腕支持感覚、逆さ感覚を高める運動です。

既述のように、跳び箱運動の切り返し系の下位教材とも言える運動です。切り返し系の技は、跳び箱に着手して自分の体を前に運ぶときに、肩が手よりも前に出た、つんのめりの姿勢になります。この姿勢に慣れていないと、急激な姿勢変化にバランスを崩しやすくなります。また、腕で跳び箱を押して体を前に運ぶのにも腕支持感覚が役立ちます。跳び箱運動にも腕支持・逆さの感覚は大切なのです。

この他、あざらし歩きや手押し車も有効です。

手押し車は、お腹を引っ込めて体幹をしめ

体幹をしめていない手押し車

体幹をしめた手押し車

る感覚も高めることができて、この後のステップにもとても役立つ運動です。頑張って両腕で体を支えてもお腹が伸びてお尻が下に落ちた姿勢だと、本人も足を持っている相手も、非常に体が重く感じます。この姿勢ではスタスタと前に進むことはできません。お腹を引っ込めて、少しお尻を突き出すくらいの姿勢の方が、腕支持も手での歩行も楽になります。

自分で意識して体幹がしまっている状態としまっていない状態を確認できる運動ですので、ぜひ経験させておきたいところです。

手押し車で後ろにつく子には、「手で歩く子の速さに合わせてゆっくり進むこと」「ゴールに着いたら片足ずつそうっと床に下ろすこと」を指導します。手押し車で前につんのめると、顎や顔を打ってケガにつながることがあるので気を付けさせます。

おりかえしの運動は、中学年まで何度も繰り返して実施します。本書では便宜上ステップ2に進みますが、ステップ2以降の運動と並行して、このおりかえしの運動も続けます。

ステップ2『よじのぼり逆立ち』

床に手をついてからかべを足でよじのぼる『**よじのぼり逆立ち**』も一年生の早い段階から取り組める教材です。かべから八〇～九〇センチ離れた位置に手をつくことで、適当な角度で逆さまになれます。

よじのぼり逆立ち

私の場合は、運動の方法を口伴奏させることで子どもが一斉に取り組みやすく、そして、Ⅰ章で述べたように見取りやすくしています。

その口伴奏は以下のとおりです。

教師　「手をついて」
子ども「手をついて」
教師　「よじよじよじよじ　よじのぼり～」
子ども「よじよじよじよじ　よじのぼり～」
教師　「せーの！」　子ども「イチ・ニイ…ジュウ」

応援の気持ちをもって大きな声で口伴奏をすること、数えることを指示します。一〇秒間もたずに足がズルズルと落ちてしまう子には、お腹を触って、手押し車で経験したお腹を引っ込める体幹のしめを意識させます。また、足首を伸ばしてつま先をかべにつけているのも足が落ちてくる原因になるので、足首を曲げて親指の裏と母指球をかべにつけることもアドバイスします。

この二点ができていても肘が曲がって腕支持で耐えられなくなる子は、まだ腕支持感覚が十分に養われていない可能性が高い子です。よじのぼり逆立ちと並行して、おりかえしの運動の手足走り、うさぎ跳び、手押し車等に繰り返し取り組ませます。また、教師が肘を触って「肘を伸ばして頑張れ」と声をかけることで、**意識する部位がより明確になって**腕支持で耐えられる時間が延びていきます。

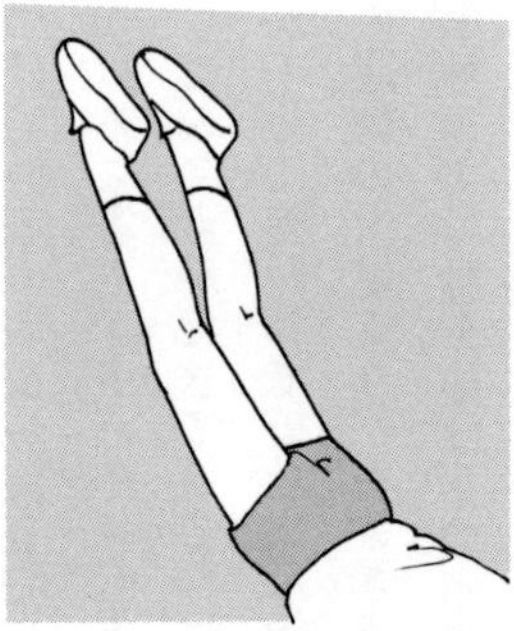

つま先をかべにつける

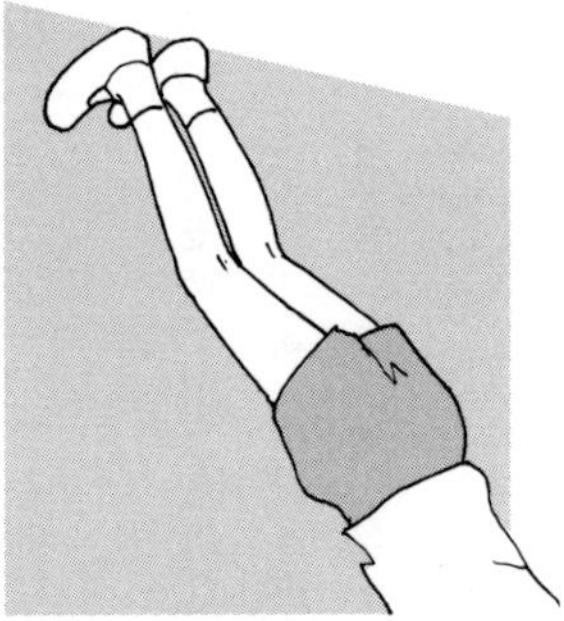

親指と母指球をかべにつける

もう少しで一〇秒間立っていられそうという子はみんなの前で再挑戦させて、全員で応援の気持ちを込めて口伴奏させると、一〇秒間頑張りきれることがよくあります。頑張りを全員で認めてやれるチャンスでもあります。教師の見取りでこのような機会をつくり、学級全体の雰囲気を盛り上げると、学習効果も上がります。

ステップ3『よじのぼり片手逆立ち』

全員が一〇秒間立っていられるようになったら、よじのぼり逆立ちでその場歩き（足踏みならぬ手踏み）をさせます。少し脚を開いてバランスをとりやすくするとよいでしょう。五歩ができたら、一〇歩まで歩数を伸ばします。これも以下の口伴奏で歩数を数えさせます。

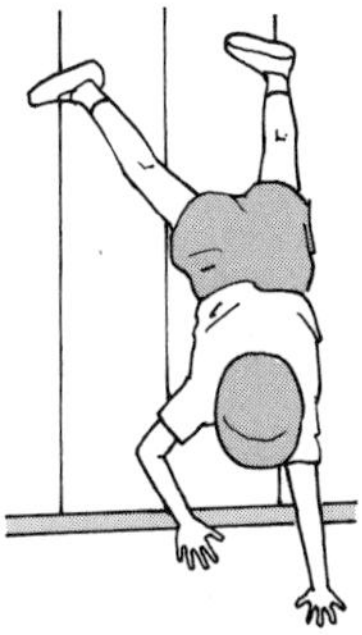

よじのぼり片手逆立ち

教師　「手をついて」
子ども「手をついて」
教師　「よじよじよじよじ　よじのぼり〜」
子ども「よじよじよじよじ　よじのぼり〜」
教師　「脚を開いて」
子ども「脚を開いて」
教師　「せーの！」　子ども「イチ・ニイ…ジュウ」

その場歩きが一〇歩できたら、片手で体を支持する**『よじのぼり片手逆立ち』**に挑戦させます。口伴奏はその場歩きと同じになります。「せーの！」のところで片手を上げます。手を高く上げて転倒すると危険ですので、はじめは少しだけ（三〜五センチ程度）上げるように指示します。片手がつらくなったり、バランスを崩したときにはすぐに両手に戻せるようにしておくのです。

ステップ4　『よじのぼりジャンケン』

よじのぼり片手逆立ちができてきたら、その姿勢でジャンケンする、**『よじのぼりジャ**

よじのぼりジャンケン

ンケン』で遊ぶことができます。

余裕をもってよじのぼり片手逆立ちができる子は、片手のままジャンケンをします。余裕がない子は、ジャンケンの「ポン！」のときだけ片手を上げてもよいでしょう。片手を上げるのも怖い子は、床に手をつけたまま指でグー、チョキ、パーを出してもよいですし、「ジャンケン・グー！」と大きな声で口ジャンケンをするのも〝アリ〟にしてやると全員がジャンケンを楽しむことができます。

一回毎に交代してもよいですし、勝った子は逆立ちのまま次の子と対戦して、三人勝ち抜いたらチャンピオンとして賞賛してもよいでしょう。四人程度を一チームとして、チャンピオンの数を競う対抗戦にしても楽しめます。

ジャンケンを運動に組み込んで勝負を競わせる場合、子どもの意識はジャンケンに勝つことに向きます。教師が身に付けさせたい感覚や技能と子どもの課題意識がずれることになります。これを問題だと指摘する先生もいますが、私はそうは考えていません。**子どもが楽しく運動をした結果、教師がねらう感覚・技能が高まるのであれば、教材として十分価値があると言えます。**もちろん、学級内のほとんどの子ができているという状態でジャンケンや競争といったゲームに入っていくということが条件となります。できている動きを楽しく繰り返す手段として、ジャンケンを組み込んだり、ゲーム化を図るということであれば、有効な教材化の手法であると言えます。

ステップ5『だんごむし逆立ち』

この教材で、子どもたちはマット上で**初めて真っ逆さまを経験**します。初めての真っ逆さまの姿勢に、少し戸惑う子もいるかもしれません。このスモールステップに挙げたよじのぼり以外に、鉄棒の『ふとんほし』で、頭を真下にしてぶら下がる運動を経験させておくと、さらに取り組みやすくなるでしょう。

教師側も「一年生に逆立ちさせるの?」と驚く方もいらっしゃるかもしれません。しかし、大人が考えるほど真っ逆さまの運動へのステップの段差は大きくありません。スモールステップを踏めば、全員が共通課題で学習を進めることができます。

両手と頭で体を支える三点倒立ですが、体を伸ばさずにだんごむしのような姿勢で逆立ちをするので『**だんごむし逆立ち**』と呼んでいます。鉄棒運動の腕曲げ持久懸垂を「だんごむし」と呼んで学習している後であれば、さらにイメージをもたせやすくなります。

だんごむし逆立ち

だんごむしの姿勢には理由があります。

逆立ちの姿勢になるには、体、特に下半身を振り上げて逆さまになる必要があります。その際に体を伸ばして振り上げるのと、縮めて振り上げるのでは、必要な力に相当の差が生じます。伸縮式の釣り竿や、指示棒を縮めて振り回すのと、伸ばして振り回すのでは、感じる重さが違うのと同じ原理です。だんごむし姿勢の方が、ずっと小さな力で逆さになれるのです。

さらに、床（マット）を踏み切る前にできるだけ逆さに近い姿勢にさせて、弱い踏み切

頭をついて

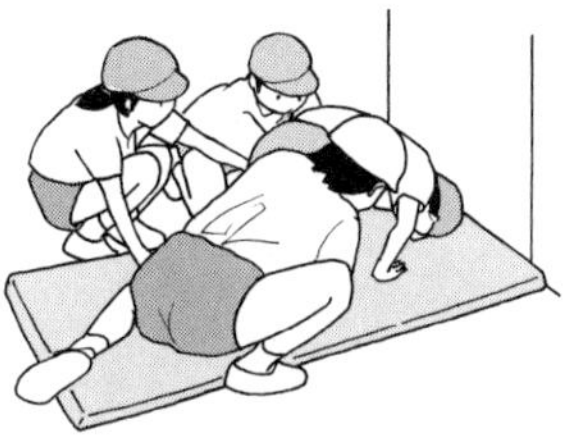

三角オッケー？

りで真っ逆さまになるように以下の口伴奏で、毎回運動の順序を確認しながら進めています。

教師　「頭をついて」
子ども「頭をついて」

かべの近くに頭をつきます。
髪の生え際付近がマットにつくのが適当です。

教師　「三角オッケー？」
子ども「三角オッケー！」

頭と両手で大きな三角形をつくらせます。
本人は認識できない場合が多いので、班の仲間が見て三角形になっていなければ、手を持って位置を修正してやります。オッケーになったら班の仲間は元の位置に戻らせます。

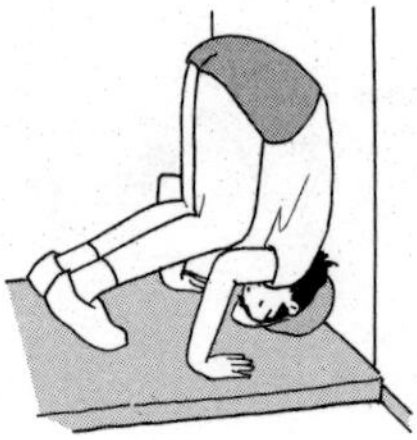

お尻を上げて

どうぞ〜

教師　「お尻を上げて」
子ども「お尻を上げて」

頭と両手の三角形を保ったまま、かべの方へ歩くようにしてお尻を上げます。背中がかべにつくくらいお尻を上げてしまいます。踏み切る前にほぼ逆さになっていれば、弱い踏み切りで逆立ち姿勢になれるからです。

教師　「どうぞ〜」

軽く踏み切って逆立ち姿勢になります。

教師　「せーの！」
子ども「イチ、ニイ、サン……ジュウ」

股関節、膝は曲げたままの姿勢で一〇秒間保持します。余裕のある子は、この後の着地を、足音が出ない「忍者の着地」にするように指示します。

逆さになれない子には、教師や仲間同士のお手伝いが有効です。

子どもは足首の辺りを持って持ち上げようとするのが普通です。しかし、これでは逆さになりやすいだんごむしの姿勢が保てません。体を伸ばしてしまうお手伝いになります。

体を縮めたまま逆さまにするには腿の裏をつかんで、かべ側に押さえつけるように持ち上げてやるのが適当です。膝を曲げると、腿の裏とふくらはぎに手が挟まれますが、バランスを崩さないように抜き出します。この後は本人が五〜一〇秒間、バランスを保てるように練習していきます。

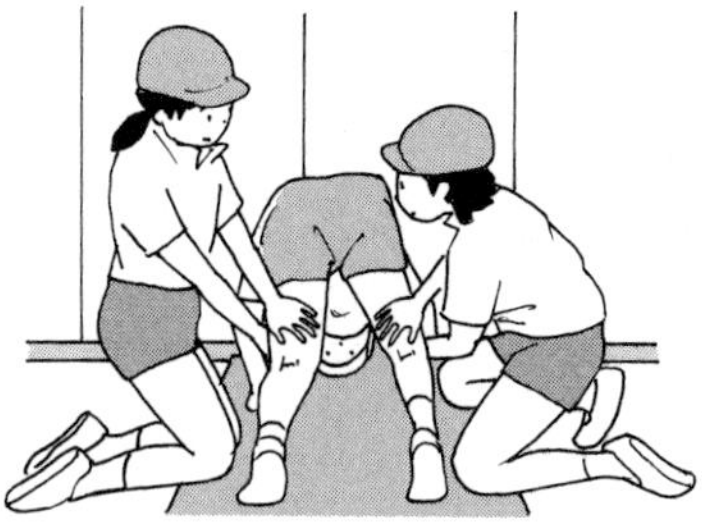

だんごむし逆立ちお手伝い

逆さまになった後バランスがとれず横方向に崩れていくのは、体幹のしめの感覚が十分育っていないために、首や肩で体を支えられないことが大きな原因です。しめの感覚を育てる運動（参考『体育授業が得意になる9つの方法』〔東洋館出版社〕一九四ページ）を経験させながらだんごむし逆立ちに取り組ませます。

逆さまになった後に戻ってきてしまうのは、三角が平べったい、腕の支持が弱い等の原因が考えられます。教師が見取ってアドバイスをしてやります。

ステップ6『5＋10』

ほぼ全員がだんごむし逆立ちが一〇秒程度できるようになったら、体を伸ばしての頭つき逆立ち（三点倒立）を課題にします。これも運動のスタートはだんごむし逆立ちです。だんごむし逆立ちで五秒間姿勢を安定させたら、ゆっくり体を伸ばして、それを一〇秒間保持します。五秒と、一〇秒なので『5＋10』です。

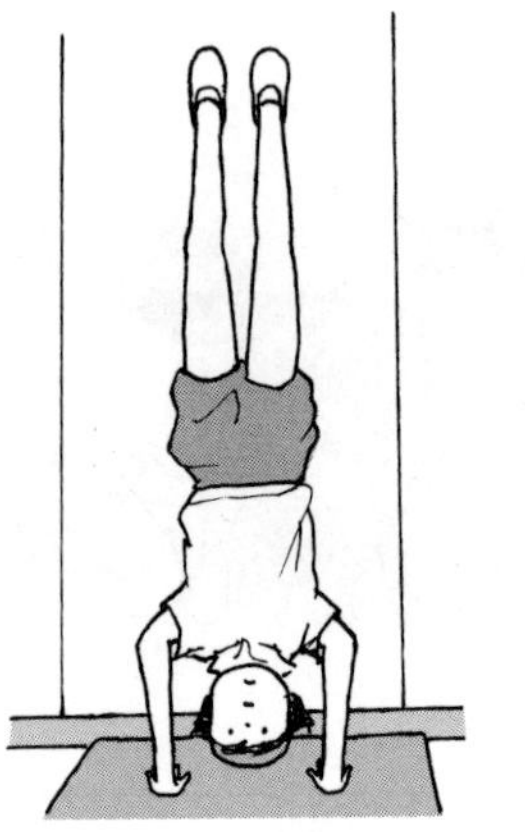

5＋10

だんごむし逆立ちで五秒数えさせた後に

教師　「伸ばして〜」

でゆっくり伸ばします。

教師　「せーの！」

子ども「イチ、ニイ、サン……ジュウ」

というような口伴奏になります。

だんごむし逆立ちができていれば、それほど難しい課題ではありません。多くの子が体を伸ばした逆立ちができたことに喜び、その感覚を楽しむことができます。

ステップ7 『5＋5＋10』

『5＋10』が安定したら、仲間二人が左右両側から足を持って上に引っ張り上げます。同時に本人は肘を突っ張って、腕支持で体を支えやすいようにします。

腕支持・逆さの姿勢になったら、お手伝いの二人はそうっと手を離します。一人でバランスをとって、一〇秒間保持します。『5＋10』と合わせて『5＋5＋10』です。

①引っ張り上げている

手足走り、うさぎ跳び、手押し車、よじのぼり等の腕支持の感覚を育てる運動を十分に経験していれば、腕支持での一〇秒はそれほど難しくはありません。

だんごむし逆立ちの三角では、手の位置がかべからやや遠いのですが、その分、かべに寄りかかることができるので逆立ち姿勢は安定しやすくなります。

マイナス要素もあります。かべに寄りかかれて姿勢は安定するのですが、その分、背中側に倒れるような感覚が生じます。逆さ感覚が十分でない子は、これを怖いと感じて、引っ張り上げるときに、手をかべに近付けてしまうことがあります。手を動かさないように意識させて、ゆっくり引っ張り上げることで次第にできてきます。また、手首に多少の負荷がかかりますが、一〇秒程度であれば問題ありません。

②手を離している

ここまでできれば、真っ逆さまの腕支持で一〇秒間、自分の体を支持できる力は付いていると言えます。あとは、自分の体を逆立ちの姿勢にする身体操作ができれば、かべ逆立ちが完成するはずです。

ステップ8『かべ逆立ち（手をついてから）』

自分の体を操作して、逆立ち姿勢になる部分がポイントです。立った姿勢から逆立ちす

①手はかべから手の平一つ分離す

②足を振り上げて

るのは姿勢変化が激しい分、体の操作も難しくなります。両手をマットについた姿勢から始めると、逆さになるときの〝くらみ〟も小さく、できる子が増えます。

手の位置は「かべから手の平一つ分」離します。かべに寄りかかれるようにするためと、この後に述べる、マット（目玉）を見続けるための頭のスペースを確保するためです。

ここまで頭をついて逆立ちをしてきたイメージから、かべ逆立ちになっても、肘を曲げて頭をつきにいく子が出てきます。これを防ぐのが目線です。両手の間を見続けることで、くらみを小さくして、より体を操作しやすくします。私は目玉のカードを置いて、目玉を見続けることを意識させます。目玉を見ていない子には「目玉！」と声をかけます。体が軽い低学年のうちであれば、まずやらせてみて、逆立ちができる子の中

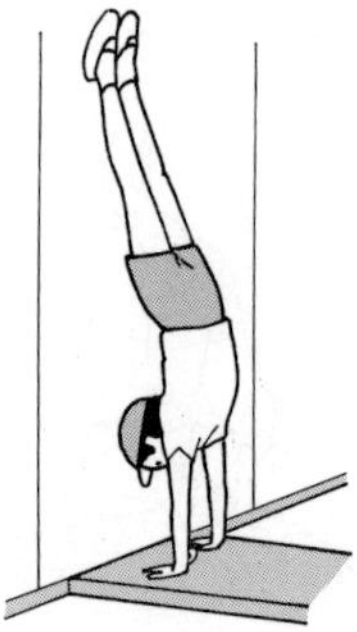

③逆立ち姿勢を 10 秒間保持する

お手伝い

から、マットを見ている子をお手本にして、**「マットを見ているとどんな感じ？」「どうしてマットを見ているの？」**と発問して本人の感覚を聞き出すと、よい思考場面になります。「やりやすい」「くらくらしない」「力が入れやすい」等の回答が得られるはずです。

マット（目玉）を見なくても一〇秒間立っていられる子もいます。「目玉を見続けるともっと上手になるよ」とアドバイスします。目玉を見ることで顎が上がり、背中側の筋《きん》が緊張して姿勢を保持しやすくなるのです。この後の腕支持・逆さ系の運動に共通するポイントとなるので全員に意識させておきたいポイントです。

一人で逆立ちになれない子には、ここでもお手伝いが有効です。

手をマットについて構えたときに、後ろになる足が

①構え

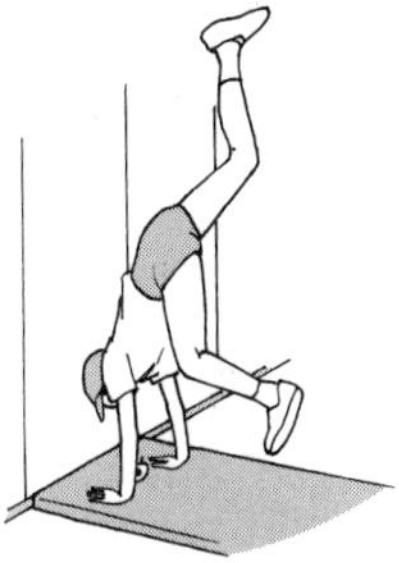
②足の振り上げ

先に振り上げる足です。これをうまく捕まえてかべまで持ち上げてやります。教師のお手伝いであれば、後ろになる足の側で準備します。子ども同士のお手伝いの場合は、両側で二人でお手伝いをさせます。**「後ろになっている足の方が大事だからね」**と意識させます。

ステップ9『かべ逆立ち（立った姿勢から）』

手をついた姿勢からのかべ逆立ちができれば「かべ逆立ちができる」と考えてよいのですが、この後に側方倒立回転やハンドスプリングを授業で扱う予定があるのなら、立った姿勢からのかべ逆立ちを経験させておくとよいでしょう。立った姿勢から急激に逆さになる姿勢変化、そのときの体の操作を経験することで、**その後の教材のための感覚づくり**を進めておくのです。

二〜三年生くらいであれば、長さ一二〇センチ程度のマットに乗った状態で始めるのがよいでしょう。かべから遠すぎると、腕・上半身の振り下ろしを回転運動にうまくつなげられないことが多くなります。

かべから手の平一つ分離した位置に手をつきます。この動きと同時に脚、特に後ろに構えた脚を強く振り上げてかべまで届かせます。前後に開脚して、先に片足だけでもかべに届くと、体のほとんどの部分が真っ逆さまの姿勢になっていることになります。あとは、片脚を上げるだけになるので、かなり簡単に逆立ち姿勢になれます。

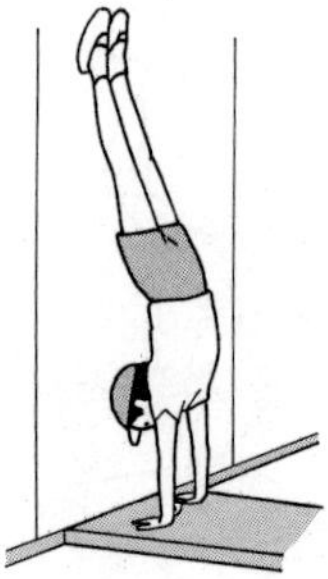

③逆立ち姿勢

逆立ちになれたら、一〇秒以上保持できるようにします。体が軽い中学年までであれば、六〇秒、一〇〇秒と立っていられる子も増えていきます。

お手伝いは、手をついてのかべ逆立ちと同じです。立った姿勢からだと脚を振り上げる速度が上がる子もいますので、タイミングを合わせて捕まえることが必要になります。

ここまでかべ逆立ちのスモールステップを紹介してきました。ステップ毎に新しい課題があり、少しずつ逆さまに近くなり、ダイナミックになっていくこで、挑戦するワクワク、ドキドキも味わえます。はじめにゴール（かべ逆立ちの完成形）を示して、「これを目指して練習するよ」というよりは、ずっと多くの子が**「できそう→できた→できそう…」**を**繰り返しながら、楽しくステップを踏んでいける**と考えています。

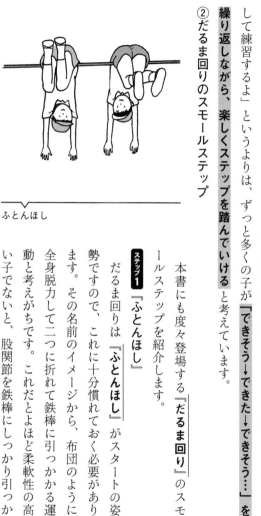

②だるま回りのスモールステップ

ふとんほし

本書にも度々登場する『**だるま回り**』のスモールステップを紹介します。

ステップ1 『**ふとんほし**』

だるま回りは『**ふとんほし**』がスタートの姿勢ですので、これに十分慣れておく必要があります。その名前のイメージから、布団のように全身脱力して二つに折れて鉄棒に引っかかる運動と考えがちです。これだとよほど柔軟性の高い子でないと、股関節を鉄棒にしっかり引っかかけるのは難しくなります。股関節と膝関節をしっかり曲げて、腿をお腹や胸に近付けるようにします。

この姿勢で股関節（へそ・ウエストよりも下）を鉄棒に引っかけます。逆さに慣れて上半身が脱力できると、体が垂直になり、さらに引っかかりやすくなります。

ステップ2『ふとんほしジャンケン』

このような感覚づくりは、**できたからオーケーということはありません。**できた運動を何度も繰り返して、体に染み込ませるように感覚づくりを進めていきます。そこで、単調な繰り返しに飽きてしまわないように競争したり、ゲーム化したりすることで、教材化を図ります。前出のよじのぼりジャンケン同様、ふとんほしもジャンケンと組み合わせて楽しく感覚づくりを進めることができます。

〈勝ち抜き戦方式〉

ゆっくりふとんほしの姿勢になったら、隣の子

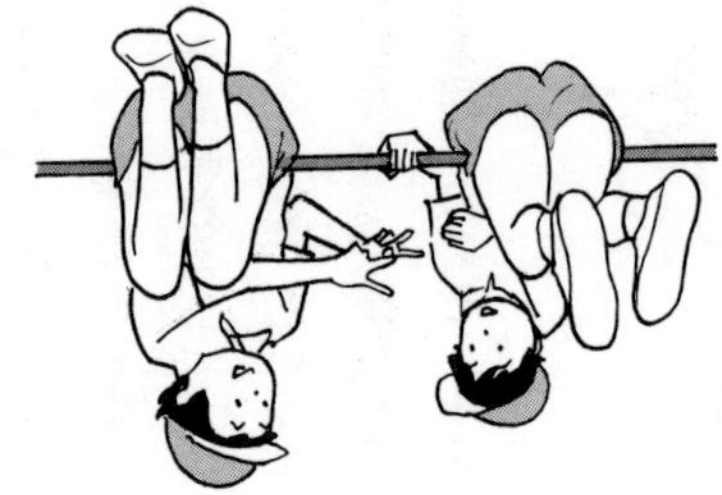

ふとんほしジャンケン

とジャンケンします。誤って前回り下りをしてしまった場合は、一回はセーフとしてやります。二回連続で下りてしまったら負けです。

ジャンケンに勝った子はふとんほしのまま鉄棒に残ります。負けた子は次の子と交代です。三人勝ち抜いた子はチャンピオンです。チャンピオンも次の子と交代します。

チャンピオンを個人的に賞賛してもよいですし、チャンピオンの人数で順位や勝敗をつけることもできます。

〈得点方式〉

ジャンケンで勝負がついたら、勝っても負けても次の子に交代します。

勝ったら一〇点として、勝つ度に「一〇点、二〇点…」と班の得点を加算していきます。一定時間（四人組の班なら一分程度）の勝負で、班の得点を決定します。班の得点で順位をつけてもよいですし、ジャンケンをし合った二班で勝敗を決めても楽しめます。

よりリラックスできるように、片手のジャンケンで勝ったら一〇点、両手を鉄棒から離して両手のジャンケンで勝ったら二〇点とすると、感覚づくりが進みます。

ステップ3 『ふとんほしブランコ』

ふとんほしの姿勢でブランコのように振動させるので『ふとんほしブランコ』です。ス

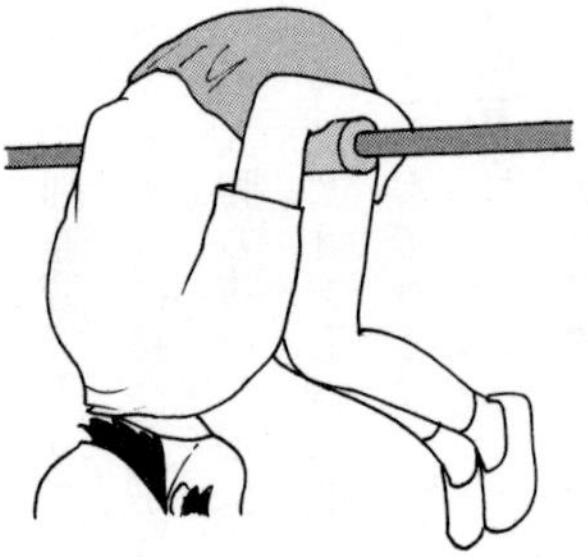

×

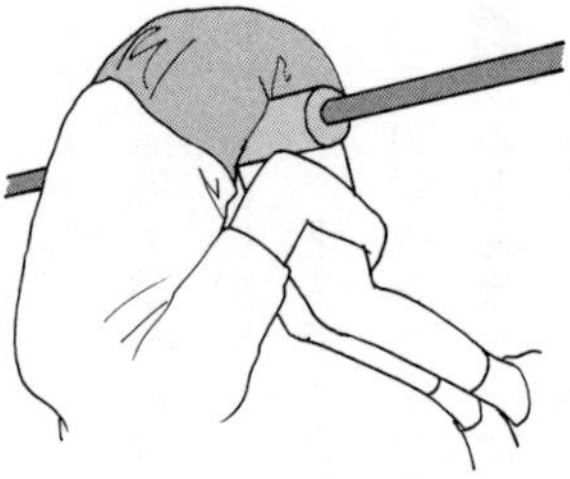

○腿の持ち方

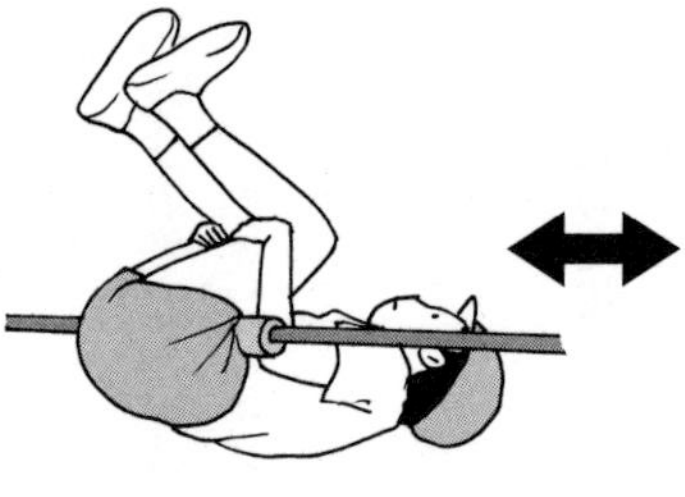

「曲げて！」

「伸ばしてーー」

テップを一つ上にしていますが、一時間の授業の中ではふとんほしジャンケンで五分間楽しんで、その後『ふとんほしブランコ』に取り組むという授業構成が多くなります。

振動させると鉄棒に触れている下腹部が痛くなります。これを軽減させるのに、回転補

肘で押さえる

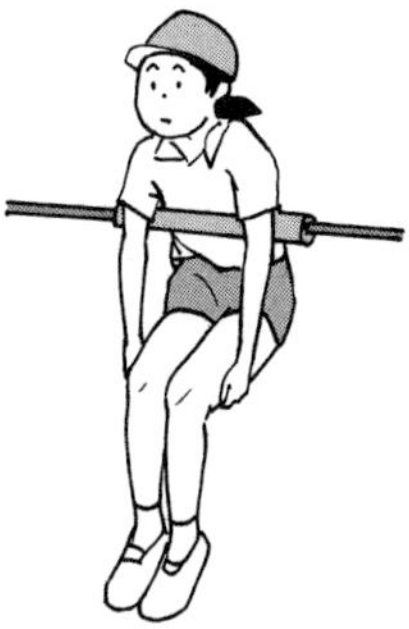

脇でぶら下がっている

助具を利用すると効果的です。複数のメーカーが開発していますが、株式会社内田洋行の製品が痛みの軽減、回転のしやすさ、耐久性等の観点からおすすめです。

振動が大きくなると落下の可能性が出てきます。これを防ぐために、鉄棒の下から手を伸ばして、腿の裏側をつかませます。腕で輪をつくり、振動が大きくなってもこの輪が引っかかって落下しないようにするのです。本人は、逆さになっていることに加えて振動させることに意識が向いていますから、班の仲間がこれをチェックするように指示します。

放っておくと鉄棒の上から手を回して輪にしない場合があります。このまま振動を大きくしていくと落下してしまいますので、班の仲間の責任としてしっかりチェックさせます。

この体勢がとれたら、膝の曲げ伸ばしで体を振動させます。しっかり伸ばして、踵がお尻につくくらいまで曲げさせます。振動のタイミングがつかめない子は、教師が体と足を持って、振動と曲げ伸ばしを同調させてやります。その際、声でも「伸ばしてー、曲げて！」とリズムを教えてやるようにします。

大きく振動してくると、ふとんほしで鉄棒に引っかけた股関節から鉄棒が外れて、前ページ右のイラストのように、脇で鉄棒にぶら下がってしまうことがあります。腕で輪をつくっているので、落下せずにこのようなぶら下がり方になります。

こうなったらさらに大きく振れるように、肘で鉄棒（回転補助具）を押さえるようにアドバイスします。脇をしめて、肘で鉄棒を押さえるのです。この姿勢が保持できれば、大きく振動しても鉄棒がずれることはありません。これが「回転軸が固定された」状態です。さらに大きく振動できると回転する子も出てくる姿勢がつくれたということです。

回転する子が出てきても、すぐに学級全体の課題をだるま回りに移行させない方がよいと考えています。**だるま回りを課題として、「できない時間」を長く過ごすより、「ブランコの振りを大きくすることが課題。回転はその先で、回っちゃった子が出た」という捉えでいた方が、子どもに「振りが大きくなったね」「ブランコ名人！」と肯定的な言葉かけ、評価をしてやれるからです。**子どもにとっても、**〈できそう→できた〉の実感**をもてる活動になります。

ブランコの振りを大きくすることは回転につなげるだけでなく、だるま回りで連続回転する際に、回転を継続させるのに必要な感覚になります。ですからここで少し苦労させて、ブランコの振りを大きくする課題に時間をかけて取り組ませた方が**〈お手伝いで回る→一人で回る→連続で回る〉のステップがスムーズに進む**のです。

ステップ4 『お手伝いだるま回り』

多くの子のブランコの振りが大きくなって、何人かが回転するようになったら、「みんなもお手伝いで回ってみようか」と、課題を『**お手伝いだるま回り**』に移行させます。お手伝いの方法、子どもへの指示は以下のとおりです。

だるま回りする子がふとんほしブランコの姿勢になったら、お手伝いの子は、腿の持ち方、肘が鉄棒（回転補助具）に押しつけられているかを確認します。そして、次のポイントを確認します。

①ふとんほしのお尻側に立つ
②鉄棒の下から手を伸ばして、背中に触っておく
③ふとんほしブランコの振りが大きくなってきたら、振りに合わせて「イーチ、ニ

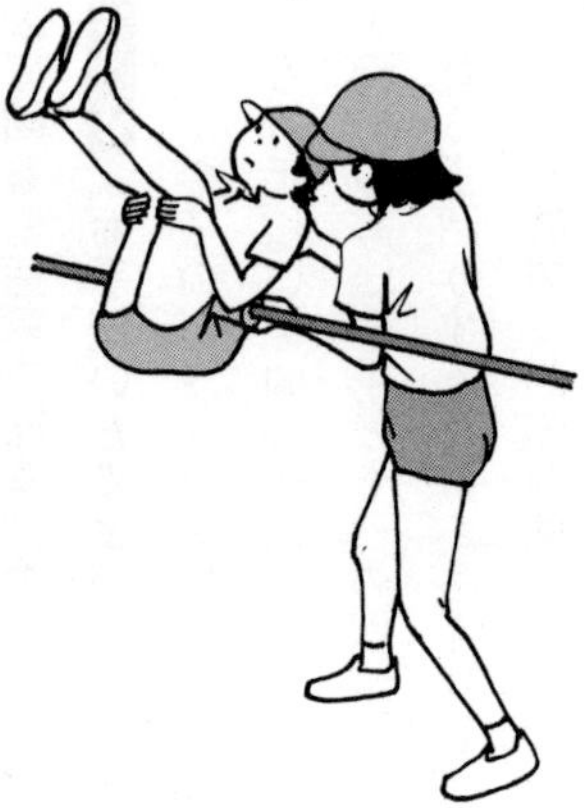

お手伝いだるま回り

ーの、サーン！」で回転させる

④お手伝いは、頭が鉄棒の真上に来るまで。鉄棒の向こう側へは頭の重さで勝手に回転するので、勢いをつけすぎないように手は離す

お手伝いで回すと、脇でぶら下がる子が出てきます。これは肘を鉄棒に押しつける感覚、体幹のしめの感覚が足りない子です。だんごむし（腕曲げ持久懸垂）、登り棒、クライミングロープ等の活動で、ぶら下がる、のぼる際のしめの感覚を高める必要があります。また、頭が下に落ちていくのを怖がる子がいる可能性もあります。連続前回り下りで、頭を前方に勢いよく落とし込む経験をさせておきます。一人が三回ずつ前回り下りをして、班

でリレーする『前回りリレー』や、一〇秒間で何回前回り下りができるか数える『一〇秒前回り』を何回も扱っておきます。

だんごむしも、前回り下りも短時間で取り組めます。だるま回りに入る前も、だるま回りに入ってからも繰り返し経験させることで感覚づくりを進めます。

体幹のしめの感覚と回転感覚を高める必要があるのは、そこはお手伝いができない部分だからです。しめの感覚、回転感覚が十分でないために、肘を鉄棒に押しつけられなかったり、腿を離してしまったりしたら、お手伝いでも回すことはできません。「腿を離さないこと、肘を押しつけておくことは自分で頑張ること」「そこはお手伝いできないよ」と伝えておきます。これは、かべ逆立ちで「肘を突っ張って体を支えること」も同じです。

だるま回りはお手伝いでの連続回転も可能です。これがだるま回りの大きな長所です。回転に合わせて背中を持ち上げてやると、回転軸が固定されていることで面白いようにクルクル回ります。しかし、お手伝いでの連続回転は回数を決めて回さないと、本人が怖くて声も出ない状態で回っている可能性も出てきます。本人が怖くない範囲で、あらかじめ回数を決めて連続回転に取り組ませます。

お手伝いで回すと、二回転目が一人で回れた、さらに連続回転になった、という子が出

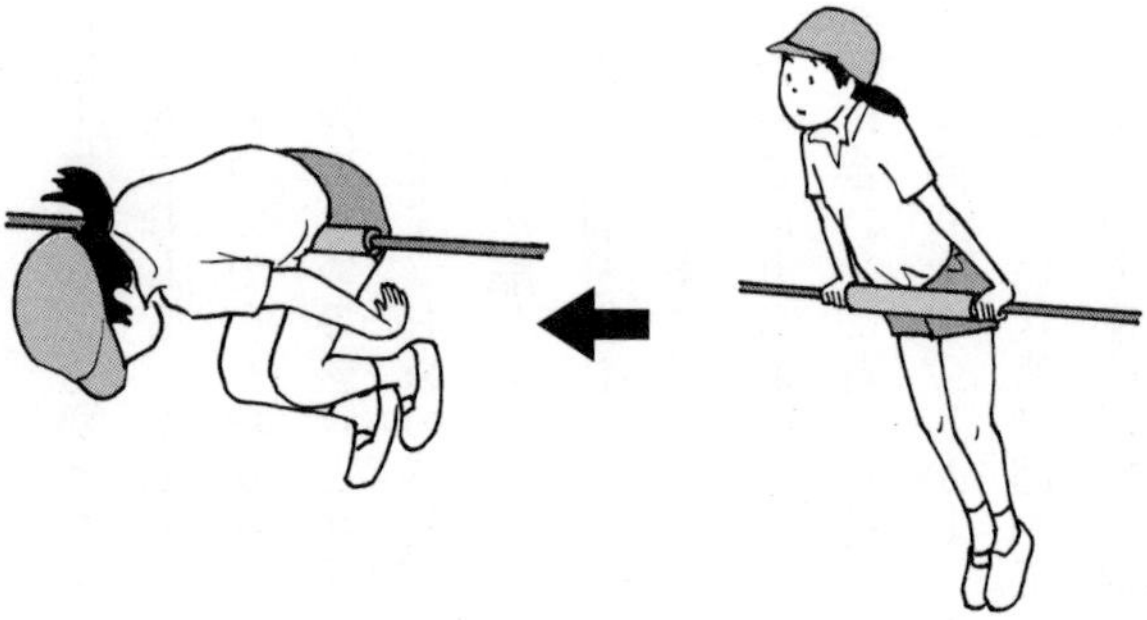

腿をつかむ　　つばめ

てきます。「一回転目が一人でできれば、すぐ連続になるね」と励まして、ふとんほしブランコの振りをさらに大きくしようという動機付けを高めてやります。

ステップ5『だるま回り』

連続前回り下りやお手伝いだるま回りで回転感覚が高まって、ふとんほしブランコの振りも大きくなっていくと、回り出す子が増えていきます。この段階でも、全体の課題としてはお手伝いだるま回りも認めて、「できる」範囲にしておくと、安心して取り組める子が増えます。

全体には、**「班の中に回らないままの子をつくらないこと」「お手伝いで回ること」「仲間同士で回せなかったら先生を呼ぶこと」と本人と班の仲間にも責任を負わせる指示**を出しておきます。「お手伝いで回ると、回る感じが分かってきて一人で回れるようになるからね」とも言っておきます。

もう少しで回り出しそうな子が多くなったら、一回目の回転の勢いを得るために、つばめの姿勢から腿をつかんで回り出す方法を教えるのも有効です。肘を伸ばして回転半後の大きな前回りを始めて、股関節が鉄棒に引っかかるタイミングで腿をつかみ、肘を鉄棒に押しつけます。頭と上半身を上から落とし込むエネルギーで回転しやすくなります。

このような方法も含めて一人で回れるようになったら、「新人賞」として、全員の前で披露させます。「できるようになったばっかりだから、もしかしたら回れないかもしれない。集中させてあげてね、応援してあげてね。できたら大きな拍手ね」と、緊張している本人に共感的な態度で見てやるように指示します。もし回れなかったら三回まで挑戦させます。それでも回れない場合は、「また練習しておいてね。次回お披露目するよ」と、自主的な活動を促します。「みんなの前で回るところを見せたい！」という思いから、多くの子は自分で練習してきます。回れた子は、本人とお手伝いで回した班の仲間、双方を賞賛します。お手伝いをするという仲間思いの態度の大切さ、運動学習への効果、両方を子どもに理解させたいものです。

一回転目ができれば、ふとんほしブランコの振りを大きくする膝の曲げ伸ばしのタイミングをつかんでいる子にとって、連続回転はそれほど難しくありません。頭が上まで上がったタイミングでいったん膝を伸ばします。前に回転して、再度頭が上に上がってくるときに、また膝を曲げます。最適のタイミングで曲げ伸ばししている子の場合、一見曲げ伸ばししていないように見える子もいます。見て分かりやすい子をお手本にして、曲げ伸ばしのタイミングを理解させます。

子どもの運動を観察すると、足を伸ばすことが十分にできなくて連続にならない子が多くいることが分かります。頭が上に上がった瞬間に「伸ばせ！」と声をかけてやると、伸ばすタイミングが分かって効果的です。

だるま回りのスモールステップでは、ふとんほしブランコの段階で、すぐにはお手伝いで回転させないのがポイントだと考えています。これはかべ逆立ちのスモールステップで、よじのぼり逆立ちや５＋５＋１０で腕支持・逆さの運動を十分に経験させたのと似ています。**この先必要になる感覚づくりを前もってやらせておいて、できそうな体にしておくという考え方**です。元々感覚がそなわっている子、技能レベルが高い子には必要ない段階かもしれませんが、**学級全体が集団として高まっていく、多くの子が運動に対して有**

能感、好感情をもつようにするためには大事な段階だと考えます。学級集団が「主体的・対話的」に学びを進める条件の一つとなるのかもしれません。

「ふとんほしができた→ふとんほしジャンケンが楽しめた→ブランコで揺らすことができた→お手伝いで回った→一人で回れた！→…」と適度なステップを感じながら乗り越えていけるスモールステップだと言えます。

(2) 全習法と分習法

既にできている運動、全員ができそうな運動をスモールステップや分習法で扱う必要がないのは多くの教師が理解するところだと思います。本章の[2](3)で述べているように、陸上運動は走る・跳ぶの運動で、多くの子が「できる」運動が元になっています。中には走り幅跳びの〈片脚踏み切り－両足着地〉や、走り高跳びのはさみ跳びに苦労する子もいますが、その運動を分解して練習させることは、小学生の授業ではさせたくないと考えています。できる範囲で、記録達成や競争を楽しむ方が小学生には合っているし、運動を十分に楽しんだ結果、運動好きにもなっていくのではないでしょうか。

反対に、できないことを普段と違う状態や環境でやらなければならない場合には、スモールステップや分習法が適しています。回転や逆さ姿勢、水中での運動等がこれに当たります。こういう状況では、子どもが運動しながら意識を向けられる範囲が極端に挟まるからです。スモールステップもある意味では分習法と言えるかもしれません。逆立ちで、腕支持を除外した教材が『だんごむし逆立ち』や『5＋10』とも言えます。

ここでは、それよりも一般的な分習法のイメージに近い水泳の学習を紹介します。足だけの動き、手だけの動き、息つぎの練習等、体全体の動きを分けて練習する分習法です。非日常の水中という環境で運動が習得しにくいという不利はありますが、非日常であるが故に、水の中にいるだけで楽しいと感じる子が多いのは長所です。運動を分解して取り組ませても十分に楽しめるのです。また、分解して足だけ、手だけでも「前進している」「泳いでいる」と認識できる点も分習法を採用するのには有利かもしれません。

①陸上運動は全習法的に扱う　ハードル走

ここでは前に述べた運動のポイントに加えて、ハードル走を全習法的に扱いながら運動観察や思考場面をどう設定しているかを紹介します。

はじめ『インターバル探し』

図のように場を設定します。

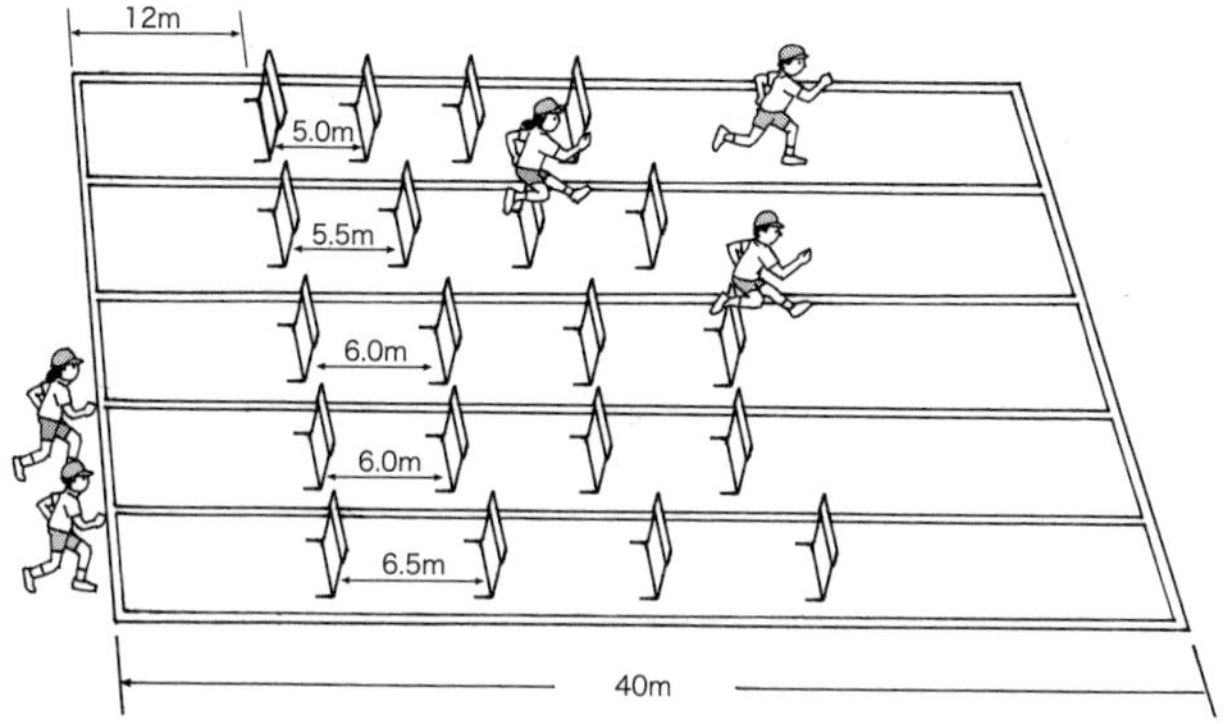

ハードル走の場（五年生）

スタートから一二メートルの位置を第一ハードルとして、一コースに四台置きます。インターバルは五メートル、五・五メートル、六メートル、六・五メートルの四種。第一ハードルの位置に巻き尺のゼロを合わせてハードルを置かせます。

インターバルは四種ですが、子どもの実態や人数に合わせて五種にしたり、どこかのインターバルを二コース設定したりするのもよいでしょう。私は五年生四〇人の学級で、六メートルを二コースつくっています。学習が進んでスピードが上がり、六・五メートルを選ぶ子が多くなったときには、これを二コースにすることもあります。

一回目のはじめは、イラストのようにハー

ドルを置かせてインターバル探しをします。高さへの抵抗感が出ないようにして三歩、「トン（ゼロ）－イチ・ニ・サン」で次のハードルに入っていける、それが四台続くインターバルを探させます。

子どもたちの中に、「長いインターバルの方がよい、速い、うまい」というような意識が出てくることがあるので、「自分に合ったインターバルが一番いいんだよ」とアドバイスしています。

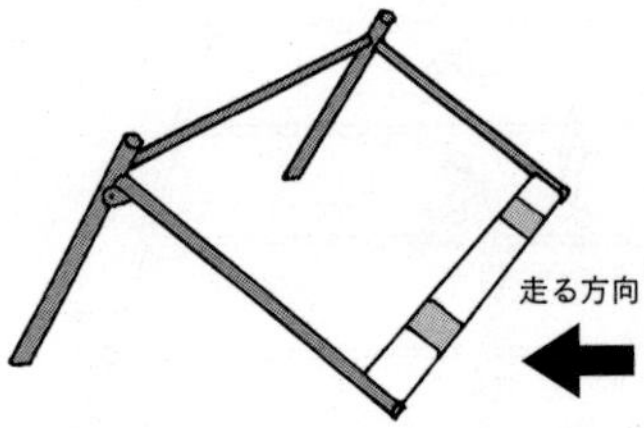

②インターバル探しのハードル

子どもたちそれぞれのインターバルが決まったら、ハードルを立てて通常の置き方にします。「ハードルが高くなった分、一段階短いインターバルで試してから元のインターバルで走ってごらん」とアドバイスして、ハードルに引っかかって転倒する危険を防ぎます。こちらも運動を見取って、インターバルが長くて無理して三歩で走ろうとしている子、反対に短くてスピードに乗れていない子にアドバイスします。

同時に、次回扱う予定の「振り上げ足」が正面に向

①膝を伸ばして前へ

②膝を曲げて

かって伸びている子を探しておきます。

授業の終わりには、自分のインターバルをノートに記録させます。また、**インターバルはスピードが高まると長くなること、随時変更可能であること**を伝えておきます。

なか 『低く越える？　高く越える？』

用具を準備させ、インターバル確認で二本程度走った後に、**「速く走るには、ハードルは高く越える？　低く越える？」**と発問します。あるいは、教師が高く越える見本と低く越える見本を示し、「どっちが速く走れる？」と発問します。大抵は「低く越える」という意見に収斂《しゅうれん》します。

「では、低く越えるためには、先にハードルを越える足、**振り上げ足はどうするのがいいかな**」と発問すると、これも、「まっすぐ前に伸ばして上げるのがよい」と意見がまとまっていきます。「膝を曲げていると、膝から下の分だけ高く跳ばないといけないから遅くなる」というのがその理由です。膝を伸ばして前へ伸ばすイラスト①と、②のように膝を曲げて上に引き上げるお手本を示してもよいかもしれません。

振り上げ足をまっすぐ前に伸ばすのが速く走るのには合理的だと理解しても、これを陸上競技選手の練習のように、ドリル的に練習させることはしません。スタートからゴールまで四台のハードルをリズムよく越える中で意識させたいと考えています。リズミカルなハードル走の楽しさを味わいながら、合理的に速くなっていけば一番よいと考えています。

具体的には、ゴールした後に、次に走ってくる仲間の足の裏を見てやるように指示します。まっすぐ前に伸ばしていれば、正面から足の裏が見えるからです。何台目のハードルを越えるときに見えていたかを本人にフィードバックしてやれば、本人の感覚とのすり合わせができます。

もう一方の脚、後からハードルを越える抜き足に関しても、立ててまっすぐ抜くのがよいか、股関節を開いて横から抜くのがよいかを考えさせると、「低く越えるためには、横から抜くのがよい」と理解する子が多く出てきます。

しかし、子どもにとっては、全力走の中で二つのことを意識することが難しいのに加えて、片脚を横から抜くことでバランスを崩しやすいという短所もあるようです。これは、自分の感覚に合う子、バランスを崩さない子はやってみるというのがよいようです。

その他、第一ハードルまでを全力で、最後のハードルからゴールまでも全力で、スピードが出ている子は踏み切りを少し遠くして、等のアドバイスもしますが、基本的にはスタートからゴールまで、四台のハードルをリズムよく越える中で意識させる、全習法的な学習をさせています。

一回の授業の終わり一五分程度を挑戦タイムとして、四〇メートルハードル走の計時もしますので、単元のまとめとして記録会をすることはありません。

このような、**子どもが楽しいと感じる部分を削除しない全習法**が、小学校の陸上運動には合っていると考えています。

②水泳は分習法が効果的　クロールを分習法で指導する

分習法に分類していますが、手や足、息つぎ、それぞれの動きの習得にはスモールステップの手法を用いています。また、最初に練習を始めるバタ足が完全に習得されてから手の動きに入るわけではありません。バタ足、手の動き、息つぎを並行して進めることと、個々の動きを合わせて基本的なクロールの動きを練習することもさせます。

厳密に言えば、分習法、全習法、スモールステップ、スパイラル的な学び等、全部が組み合わさっています。現場の指導はこんなふうに、柔軟に考えた方がいろいろアイディアも浮かんでくるというものです。

『バタ足』

バタ足は陸上での歩行運動に似ています。足を体の前後（水に浮いた場合には上下）に動かせば前（頭の方向）に進むことができます。歩行運動に似ているため、動きの粗形態は比較的簡単に習得することができます。この動きでより水を捉えて、効率的に前進できるように、スモールステップ的に練習を進めます。

『こしかけバタ足』

プールサイドの水際に腰掛けて、足を水に入れてバタ足をします。浮いている姿勢と違って、自分の足が見えるのがこの教材の利点です。

教師が正面から見て、足の裏が見えないように足首を伸ばして水を蹴り上げることと、膝を曲げすぎないことに気を付けさせます。

足の裏が見えているかどうかは、その場でフィードバックしてやります。

膝が曲がりすぎている子には、腿をつかんで、「ここから動かすんだよ」と補助

しながらアドバイスしてやります。

また、勢いよく水しぶきを上げても前に進む力にはならないこと、足の先にモコモコした水の山ができるように蹴り上げるとよいことを伝えます。はじめはその感覚がつかめる子は多くありませんが、足首を柔らかく使って団扇《うちわ》のような動きができてくると有効なバタ足の動きになっていきます。

こしかけバタ足

『かべバタ足』

かべにつかまって、ある程度姿勢を安定させた状態でバタ足をします。かべにつかまって、顔を水から上げておくことができる、顔を水につけたときでもかべにつかまっている安心感があることで、ポイントを意識して運動することができます。顔を上げてバタ足するときは、片手は水際の段差をつかみ、もう一方は水中で下からかべを押さえるようにすると、顔を上げていても、腰、下半身が沈みにくくなります。

運動のポイントはこしかけバタ足と同じで、足首、膝を伸ばして水を蹴ること。そのためには腿から動かすことになります。できていない子には、こしかけバタ足と同じように腿を持って動かしてやります。
※顔を水につけてバタ足をする場合は、息つぎの練習も含むことになります。これは、この後に出てくるバタ足の教材も同様です。

『わにバタ足』


浅いプールがある場合、わに歩きしながらバタ足をします。足はバタ足になりますので、歩くのは前足（手）だけです。

手を床について体を支えていますので、伏し浮きで浮いているのに比べたら相当安定しています。安定が余裕につながって、膝や足首を伸ばすように意識して運動することができます。

顔を水上に上げている場合は、教師から

わにバタ足

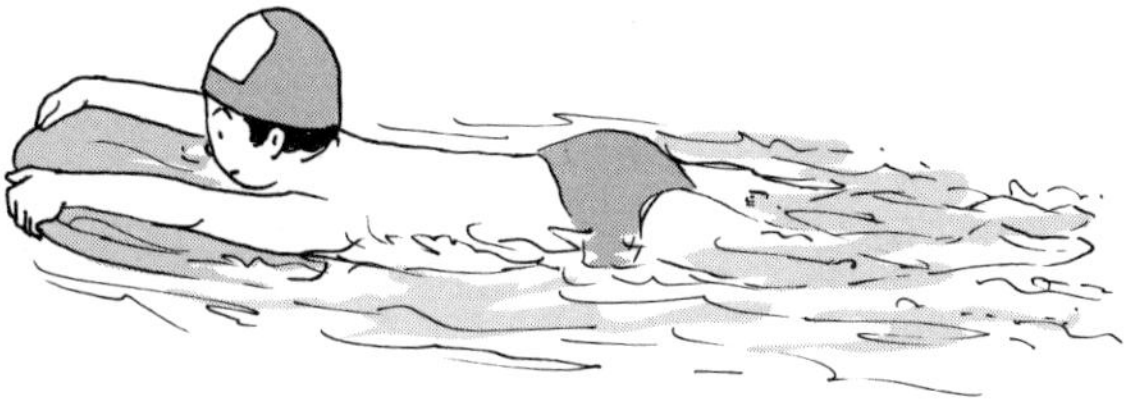

顔上げ

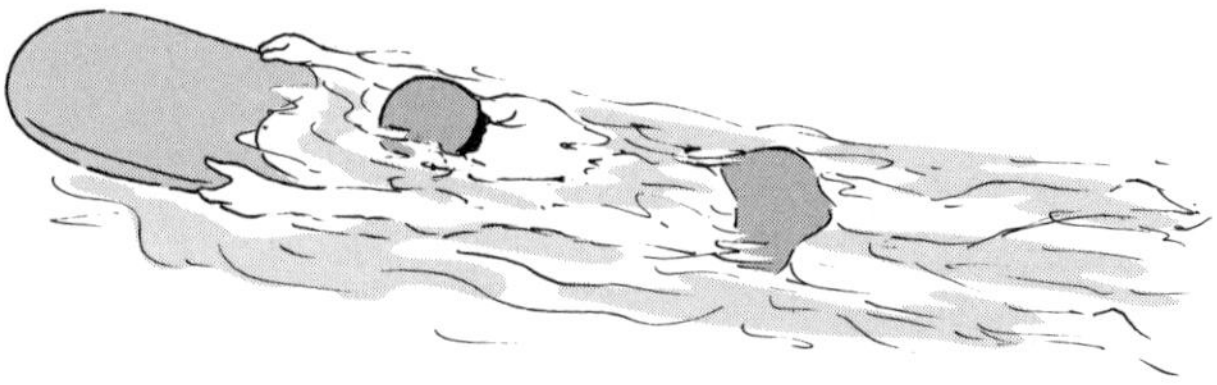

顔つけ

のアドバイスも聞くことができます。顔を水につけた場合には、重い頭を水に入れることで浮力が大きくなり、伏せ面のバタ足に近い運動にもなっていきます。

運動のポイントはこれまでと同じです。足首、膝を伸ばして水を蹴ること。そのためには腿から動かすことです。できていない子には腿をつかんで補助します。

『ビート板バタ足』

顔上げの場合はビート板の先をつかんで、顔つけの場合はビート板の手前をつかんでバタ足をします。

顔上げも、顔つけの息つぎも、顔の高さに気を付けさせます。顔を上げたときに顎が水についている程度にするようにアドバイスします。顔を高く上げすぎると、反動で腰、下半身が沈んで前に進みにくくなるからです。

同じ理由で、顔つけのときは頭を耳まで沈めるように指示します。

しっかり体を浮かせて、効率的なバタ足で進むことが大切であることを理解させます。バタ足だけで進んでいるため、進みが悪ければ浮く姿勢が悪くて抵抗が大きいか、バタ足で効率的に水を蹴れていないかのどちらか、またはその両方が原因となります。

『息つぎ』

息つぎは、クロールだけでなくすべての泳法に必要な技能です。また水中の活動で身を守るためにも身に付けておかなければならないものと考えます。

初期の息つぎ練習は水中で息を吐くこと、水から顔が上がった瞬間にさらに強く息を吐くことから始めます。

鼻まで

口まで

顔全部

『バブリング』

顔を水につけて、口や鼻から息を吐きます。

まだ顔を水につけるのが怖い子がいれば、「口まで水につけてブーと息を吐いてみましょう」、それに慣れたら「今度は鼻まで入れてブーと吐いてみましょう」と**『バブリング』**をさせます。

水中で息を吐く活動をするのは、水慣れが十分でない子どもの中に、顔を水につけた緊張か

ブー

バッ！

ら息を吐けなくなる子がいるからです。息を吐けなければ、新鮮な空気を吸い込むことはできません。水中では息を吸うことはできないけれど、吐くことはできるということを体感させ、理解させます。

顔全部をつけるバブリングでは、頭全部を水に入れている子は、体が浮き出して、水の浮力を体感できます。

『ブー・バッ！（ボビング）』

水中で『**ブー**』と息を吐き、水から顔を上げた瞬間に、再度『**バッ！**』と強く息を吐きます。強く吐くことで肺が急激に収縮して、その反動で膨らんだときに新鮮な空気が肺に入ってきます。

息つぎをしながらの活動の初期は、この程度の空気量で十分です。息を吸うことを意識しすぎて十分に吐けずに、肺に新鮮な空気を入れられないということを防ぐのです。

少し慣れたら、三回、五回、一〇回と回数を増やし、連続の息つぎの練習をさせます。友だちと両手をつないで、さらにその人数を増やしていくと、みんなで一緒にリズムを合わせて活動していることが楽しくなっていきます。

この活動中には「ブー・バッ！」と大きな声を出させると、教師が活動を確認しやすくなります。水の中の「ブー」は聞こえませんが、顔を水から上げて「バッ！」と大きな声を出しているのが聞こえれば、十分に強く吐けている、肺に空気が入っていると判断できます。

『息つぎ』

連続のブー・バッ！（ボビング）ができれば、初期の息つぎはできています。バタ足やクロールの練習で泳ぐ距離を延ばしていくと、自然に空気を吸って肺に入れる空気量が増えていきます。

顔つけのバタ足を既に紹介していますので、ここではクロールで顔を横に上げる動きにつながるバタ足練習を紹介します。

ブー

バッ！

『片手のせビート板バタ足』

片手をビート板中央に乗せ、もう片方の手は気をつけの位置でバタ足をします。顔は水につけて、頭は耳まで沈めます。

「ブー・バッ！」のリズムで顔を横（気をつけの手の方）に上げて息つぎをします。息つぎは、顔を横に上げる、顔を高く上げすぎないことに注意させます。手を伸ばした方の肩に耳をつけたままにして顔を横に低く上げさせます。

水慣れが不十分な子ほど、

緊張して顔を高く上げる傾向がありますので個別にアドバイスします。

右手をビート板に乗せたとしたら、次は左手を乗せて、両側に顔を上げる練習をさせます。クロールでは、左右どちらかの得意な方に上げればよいという指示になりますが、この段階ではそれがはっきりしていませんので、左右両方の練習をしておきます。

顔を横に上げる息つぎができてきたら、これをクロールの腕の動きに合わせる練習にしていきます。これらは次の『**手のかき**』の項目で紹介します。

『手のかき』

できる者にとってはそれほど難しい動きとは思えませんが、慣れていない子どもの中には、片手が水から出てこない子もいます。また、かき終えた手を水から抜いて前方向へリカバリーするタイミングに合わせて息つぎすることも、非日常の水の中で、浮いているという不安定な姿勢では難しく感じる子が多くいます。

前方遠くの水を捉えて、腕が伸びきるまでしっかりかく。その後のリカバリーに合わせて顔を横に上げて息つぎをするという練習を繰り返すことが大切です。前述したように、ここでは『**手のかき**』と『**息つぎ**』の練習を一緒に扱うことが多くなります。「手のかきに合わせた息つぎ」がクロールの最大のポイントになります。

『ビート板片手クロール』

前掲の『片手のせビート板バタ足』と同じように片手をビート板の中央に乗せます。その手はビート板に乗せたまま、もう一方の手を肩から回してクロールのかきにします。

かきの一回目は「ブー」と息を吐き、二回目をかき終わり、前に戻すタイミングで「バッ！」と強く吐き出して息つぎをします。

息つぎのときに顔を上げすぎないように、伸ばした手の方の肩と耳をくっつけたまま息つぎをするように指示します。

プールの縦を使う場合は、真ん中の一二・五メートル程度で左右の手を替えさせます。横を使って練習している場合は、行きと帰りで手を替えさせます。

『わにクロール』

『わにバタ足』に両手の動きをつけてクロールにします。下になった手を床まで伸ばして体を支えながらクロールをします。

息つぎの頻度は左右得意な方がはっきりしている場合は、「四かきに一回」（リズ

ビート板片手クロール　口を大きくあけて

ムは「イチ・ニイ・サン・バッ！」)、どちらでも大丈夫、またははっきりしない場合は、「三かきに一回」(リズムは「イチ・ニイ・バッ！」) とします。「二かきに一回」だと顔を上げる頻度が高く、体が沈みやすくなるからです。これはクロールの練習全部に共通するポイントです。

息つぎの間隔が延びると、自然に「息こらえ」を入れたり、「ブー」と水中で吐く量を少なくしたりします。

わにクロールの利点は、息つぎで顔を上げるときに反対の手を床について体を支えられることです。浮いているよりはかなり安定した姿勢で腕のかき

わにクロール

と息つぎができます。その分、運動のポイントに気を付けての練習が可能です。ここでのポイントは、息つぎのタイミングやリズムと、息つぎのときに顔を高く上げすぎないことです。

　片手を床について体を支えているため肩に耳をつけることはできませんが、耳やほほを水から離さないように気を付けて息つぎをさせます。手を床につけて体を支えているため、ゆっくり時間をかけて息つぎをすることができます。わにクロールで両手を回すクロールの動き、息つぎのタイミングやリズムをつかませていきます。

『ビート板クロール』

　ビート板の中央に左右交互に手を置いてクロールをします。ビート板の浮力を支えに息つぎをします。手は前に伸ばしているので、耳を肩につけたままというポイ

手タッチクロール

ントも意識させます。

技能の高い子どもたちには、「最後までしっかりかいて、ビート板を前に押すように」という課題設定も可能です。

『手タッチクロール』

運動としてはビート板クロールと同じです。友だちの手の平がビート板の代わりです。技能の高い子には、ゆっくり泳ぐように指示しないと、後ろ向きで歩く仲間を追い越してしまうことになります。ゆったりした手のかきで最後までかききること、息つぎで肩と耳が離れないことに注意して泳がせます。

手を出して後ろ向きに歩く子は、相手の息つぎの高さを見てフィードバックしてやります。高すぎる場合には頭を触って相手に教えます。

片手だけ水をかく『**手タッチ片手クロール**』にしても効果的です。

以上のような練習を、行きつ戻りつ、スパイラル的に扱って動きを精錬させていきます。授業のはじめには水慣れの活動も扱って、水に恐怖心をもたずに頭をしっかり潜らせることも大切です。これは、すべての泳法に共通するポイントになります。頭を潜らせることで、水に浮きやすい姿勢をつくるのです。

また、クロールを完成させてから平泳ぎに入るのではなく、中学年から平泳ぎのかえる足の練習に入る方が効果的であることも付記しておきます。

平川 譲 Yuzuru Hirakawa

筑波大学附属小学校教諭

一九六六年、千葉県生まれ。一九八九年に東京学芸大学教育学部を卒業する。千葉県成田市立加良部小学校、千葉県印西市立原山小学校を経て現職。筑波学校体育研究会理事長を務める。著書に、『とってもビジュアル！筑波の体育授業・高学年編―効果が見えるヒミツの授業づくり』（明治図書出版）『授業Cシリーズ 体育・いっしょにのびる授業づくり―子ども・なかま・教師』『体育授業が得意になる9つの方法』（ともに東洋館出版社）等。

体育授業に大切な３つの力
主体的・対話的で深い学びを実現する教師像

二〇一八（平成三〇）年二月八日　初版第一刷発行
二〇一八（平成三〇）年六月二〇日　初版第二刷発行

［著　者］平川譲

［発行者］錦織圭之介
［発行所］株式会社　東洋館出版社
〒一一三-〇〇二一　東京都文京区本駒込五丁目十六番七号
営業部　TEL：〇三-三八二三-九二〇六
FAX：〇三-三八二三-九二〇八
編集部　TEL：〇三-三八二三-九二〇七
FAX：〇三-三八二三-九二〇九
振　替　〇〇一八〇-七-九六八二三
URL　http://www.toyokan.co.jp
［装　幀］國枝達也
［本文デザイン］吉野綾（藤原印刷株式会社）
［イラスト］パント大吉
［印刷・製本］藤原印刷株式会社
ISBN978-4-491-03487-4　Printed in Japan

JCOPY ＜㈳出版者著作権管理機構　委託出版物＞
本書の無断複写は著作権法上での例外を除き禁じられています。複写される場合は，そのつど事前に，㈳出版者著作権管理機構（電話 03-3513-6969，FAX 03-3513-6979，e-mail:info@jcopy.or.jp）の許諾を得てください。